本书由北京市联德律师事务所资助

知识产权审判逻辑与案例

专利卷

TRIAL LOGIC AND CASES OF INTELLECTUAL PROPERTY RIGHTS

主　　编　管育鹰
执行主编　张　鹏

法律出版社 LAW PRESS · CHINA
北京

图书在版编目（CIP）数据

知识产权审判逻辑与案例. 专利卷 / 管育鹰主编
. -- 北京：法律出版社，2021
ISBN 978-7-5197-5994-0

Ⅰ. ①知… Ⅱ. ①管… Ⅲ. ①专利权法-审判-案例-中国 Ⅳ. ①D923.405

中国版本图书馆 CIP 数据核字（2021）第 196552 号

知识产权审判逻辑与案例（专利卷）
ZHISHICHANQUAN SHENPAN LUOJI YU ANLI
（ZHUANLI JUAN）

管育鹰　主编

策划编辑　沈小英
责任编辑　刘晓萌
装帧设计　汪奇峰

出版发行　法律出版社
编辑统筹　法治与经济出版分社
责任校对　毛镜澄
责任印制　吕亚莉
经　　销　新华书店

开本　710 毫米×1000 毫米　1/16
印张　13.5　　**字数**　190 千
版本　2022 年 1 月第 1 版
印次　2022 年 1 月第 1 次印刷
印刷　固安华明印业有限公司

地址：北京市丰台区莲花池西里 7 号（100073）
网址：www.lawpress.com.cn
投稿邮箱：info@lawpress.com.cn
举报盗版邮箱：jbwq@lawpress.com.cn
销售电话：010-83938349
客服电话：010-83938350
咨询电话：010-63939796

书号：ISBN 978-7-5197-5994-0
定价：68.00 元

顾　　问：吴汉东　李明德　程永顺　唐广良
主　　编：管育鹰
执行主编：张　鹏

撰 稿 人：（按姓氏拼音排序）
顾　昕　管荣齐　蒋洪义　施小雪
闫文军　赵启杉

序一

德国文学家歌德在其诗篇《浮士德》中说过，理论是灰色的，生命之树长青。这是比喻理论与生活的关系。如果借用此句式，我们可以说，法律条文是灰色的，而案例才是长青的。因为，正是一系列来自社会经济生活的案例和判决，赋予相关的法律条文以生命。

在知识产权的保护方面，案例或者相关的判决，显然发挥着更为重要的作用。这是因为，无论是文学艺术领域和科学技术领域的创新活动，还是商业标识涉及的市场竞争活动，都有其自身的规律，难以由法律条文予以界定。因此，当文学艺术和科学技术领域出现了新的创新成果，当商业竞争活动出现了新的商业模式，甚至当侵权活动呈现了新的样态时，都会首先反映在相关的案件中。至于法院或者法官，也会通过案件的审理，作出保护与否或者侵权与否的判决。与此相应，对于来自创新领域和商业竞争领域的最新问题，最先作出回应的通常是相关的案例和判决。

当然，法律条文对于创新和市场竞争所带来的挑战，绝非无动于衷。一方面，随着创新性司法判决的作出，立法机关会在必要的时候修订法律，将案例所确立的规则予以法典化。当然，也不排除在某些情况下，立法机关会否定某些案例所确立的规则，另行设立新的规则。另一方面，立法机关也总是积极行为，通过修订法律的方式，对创新领域和市场竞争活动带来的挑战作出回应。因此，至少在知识产权的保护方面，就形成了创新和市场竞争活动推动司法和立法，然后由司法和立法作出应对的态势。

关于案例与立法的关系，英美法系和大陆法系有不同的做法。英美法系是判例法体系，很多法律规则总是先由相关的司法判决予以确定，然后对市场主体的创新和竞争活动进行规范。一些法律规则甚至仅仅存在于判例法中。例如，英国关于作品独创性的“劳动、技能、判断、努力”的判定标准，就是见于相关的判决中，而非《英国版权法》中；美国关于专利侵权的等同原则，一直存在于相关的判例法中，而非《美国专利法》中。当然，当判例法所确立的法律规则相对成熟的时候，立法机关也会将其纳入相应的制定法中。例如，美国关于“合理使用”的法律规则，就是由司法创立而最终纳入了《美国版权法》第 107 条中；美国关于专利帮助、教唆、引诱侵权的法律规则，也是由司法创立，并且最终纳入了《美国专利法》第 271 条中。

欧洲大陆法系是成文法体系，相关的法律规则主要见之于制定法中。根据大陆法系的传统，当市场主体的创新和竞争活动出现了新样态时，法院或者法官应当最大限度地解释既有的法律规则，然后予以规范。在这方面，即使是一个名词术语的解释，都有可能将创新或者竞争活动的新样态容纳进来。例如，对于“文字作品”作出宽泛解释，就可以将计算机程序和数据汇编纳入著作权法的保护范畴内；对于“技术发明”作出宽泛解释，又可以将有生命的生物方面的发明，纳入发明专利的保护中，而非仅限于无生命领域的技术发明。在通常情况下，这种宽泛的甚至是扩大性的解释，同样可以对市场主体创新和竞争活动所提出的新问题，作出必要的回应。

大体来说，在司法判例与法律条文方面，英美法系采纳了逻辑学上的“归纳法”，而欧洲大陆法系则采纳了“演绎法”。按照归纳法，或者从个别到一般的方法，英美法系通常是经由个别的判决创设新的规则，然后予以总结和上升到一般性的法律条文中。而按照演绎法，或者从一般到个别的方法，大陆法系则总是将法律条文中的规则，尽可能宽泛地适用于具体的案例之中，并且在必要的时候依据技术、市场和司法的发展，修订相应的法律条文。毫无疑问，英美法系的归纳法和大陆法系的演绎法，来自各自的司法、立法传统，来自各自的经济社会发展传统，甚至是来自各自的哲学思维传统。对此，难以由第三人作出孰优孰劣的判断。

起源于英国的判例法传统和起源于欧洲大陆的成文法传统，在其历史进程中被传播到了世界各地。大体来说，英国的前殖民地国家，如美国、加拿大、澳大利亚、新西兰、南非等，接受了英美的判例法传统。而其他的很多国家，如俄罗斯、巴西、日本、中国，则接受了大陆法系的成文法传统。然而，在国际交往频繁的今天，那些接受了英美判例法传统的国家，可能会受到欧洲大陆成文法传统的影响，进而注重成文法的制定；而那些接受了欧洲大陆成文法传统的国家，也会受到英美判例法传统的影响，甚至在具体的判决中突破既有的法律规则，日本和中国近年来的发展实践就说明了这一点。

然而，就案例的撰写而言，中国的司法判决又与欧美国家有巨大的差别。例如，美国各级法院作出的判决，通常会在澄清事实、证据的前提下，讨论双方当事人争论的法律问题，进而澄清有关的法律术语、规则的含义，甚至创设新的法律规则；欧盟法院有关知识产权纠纷的判决，也是在相关事实、证据清楚的前提下，讨论具体指令、条例中的法律术语和法律问题，进而为成员适用相关的法律规定提供指导。然而，中国的司法判决，较重视阐述当事人的纠纷、事实、证据，以及对于纠纷、事实、证据的评判。

就一个专利纠纷案件的审理而言，法官为了作出相关的判决，必须查清事实和鉴别证据。而在发达国家，这个工作应当是在庭审之前就完成了的。具体来说，双方当事人，包括各自的律师或者代理人，应当在庭审之前，就相关的证据和事实予以澄清，就相关的法律问题作出归纳和初步讨论，然后将不能达成一致的法律问题，交由法官审查和作出判决。因此，很多纠纷在进入庭审之前就得以解决了。因为，随着对相关证据和事实的澄清，随着对相关法律问题的讨论，双方当事人已经可以初步判断案件的最终结果。

在我国的法院系统，判决书中最有价值的往往是最后的“本院认为”部分。法院在这个部分会援引相关的法律规定，分析双方当事人在相关法律问题上的争议，进而得出侵权与否的结论。但在几十页的判决书中，相对于澄清、评述案件事实、证据的部分而言，这个部分稍显单薄。

或许，随着司法改革的深入进行，我们可以改变一下案件的审理方式和判决书的撰写方式。例如，有关案件事实的查清、证据的交互质询，可以经由庭前会议，在法官助理的主持下予以解决；双方当事人的律师或者代理人，可以在庭前会议中，提炼出一些应当由法院作出判决的问题。这样，在法官主持的庭审中，双方当事人可以聚焦于法律问题的辩论，包括法律术语、条文的具体含义，以及在本案中的适用。显然，在法律规则清晰、案件事实清楚的前提下，由法官作出侵权与否，或者是非曲直的判决，并非难事。同时，由于双方当事人和法院都是聚焦于相关的法律问题，由此而形成的判决书，也必然会将很大的篇幅用于阐释法律规则。

将判决书的撰写重心，从案件事实、证据、纠纷裁判，转移到法律问题的讨论和法律规则的澄清，可以成为我们目前进行的司法改革的一个方面。

李明德*

写于2021年5月26日

* 中国社会科学院知识产权中心名誉主任。

序二　判例评释的意义[1]

在日本法学界，传统上存在一种与学术论文不同，被命名为“判例评释”的独立研究体裁。虽然这种研究体裁都通称为“判例评释”，但事实上其中又包含不同的类型。本文介绍的“判民型”判例评释方法，事实上也并非在日本法学研究者间取得共识的研究方法。坦白地说，“判民型”仅在毕业于东京大学法学政治学研究科的民事法学者，以及毕业于我曾执教的北海道大学法学研究科知识产权法学者间成为主流的研究方法。[2] 从日本法学研究者的整体情况来看，采用“判民型”的人数所占比例极低，特别是在知识产权领域业已成名成家的学者中也很少撰写“判民型”的判例评释。

尽管“判民型”判例评释方法只是在数量有限的学者间取得了一定共识，但其能够确定下来也是有相应的存在理由的。同时，我受到曾在我门下学习的本书编委的启发，感觉将日本的“判民型”判例评释方法介绍给中国读者并非完全没有意义的一件事，因此特撰写小文一篇，求教于大方之家。

---

〔1〕 本文是以2018年12月26日日本商标协会成立30周年纪念研讨会上作者的主旨发言为基础撰写的，由中国社会科学院知识产权中心专职研究员张鹏翻译。特别感谢北海道大学法学研究科博士课程的清水纪子女士为作者校阅了依据作者演讲录音形成的本文初稿。

〔2〕 例如，在知识产权法学研究领域，由我担任主编的《知识产权法政策学研究》杂志中所发表的大量案例评释就都是采取“判民型”方法撰写的（特别是在由我指导的学生）。

一、判例法理提炼技巧的具体实例

如果仅仅是抽象地论述判例评释的方法论，可能难以向读者传递其中的奥妙。为了给读者留下一个具体印象，下文我将以日本最高法院就商标近似性所作的两个判决为素材进行论述。

（一）最高法院“里拉宝塚”案

首先我将介绍的是“リラタカラヅカ”[1]案（“里拉宝塚”案，最判昭和38.12.5民集17卷12号1623页），该案属于商标申请驳回复审行政纠纷案件。该案诉争商标和引证商标如下：

诉争商标

引证商标

最高法院在该案判决中，首先进行了抽象性论述，即“在追求简单快捷的交易实践中，如果将一个商标的各组成部分分割开来独立进行观察并不会被认为在交易实践中显得很不自然，也就是说，这种商标并不被认为是各组成部分不可分割的商标，那么并不总是需要通过整体的音形义来确定该商标的音形义的。经验法则告诉我们，仅以商标中的某个组成部分来确定音形义，或一个商标中产生了不止一个音形义也是很常见的事……但是，在这种情况下，即使一个商标的音形义与他人商标的音形义不相同或不相近似，如果该商标某个组成部分的音形义与他人商标相近似，则将两个商标理

---

〔1〕“リラタカラヅカ”的发音为“LYRA TAKARAZUKA”，其中“リラ”作为一种乐器的名称，中文翻译为“里拉”；“タカラヅカ”（TAKARAZUKA）部分的发音与日文汉字“宝塚”相同。——译者注

解为是相近似的也是合理的。”

为了更好地理解上述抽象论述的意义，特别有必要进一步将案件事实与抽象论述结合起来考察。为此，判决指出：“原审判决确定的事实如下：诉争商标的图形为古希腊弦乐器‘里拉’，在指定商品肥皂上，该图形并不为交易相关者所熟知；与此相对照，‘宝塚’这一文字在日本则具有明确的含义，普通人也对该二字十分熟悉，同时，诉争商标所使用的‘宝塚’二字位于商标整体的正中部位，采取的是普通字体，这样极易被读取，并作为独立的部分吸引相关公众的注意力。那么，在这样的事实下，原审判决并未将‘里拉’图形和‘宝塚’文字视作不可分割地结合在了一起，也就是说商标的两个组成部分并未达到如果将其分割开来独立进行观察会被认为在交易上显得很不自然的程度。正因如此，诉争商标在‘リラタカラヅカ’的音形义之外，也至少会形成对其构成部分‘宝塚’音形义的认识，在此基础上原审法院得出，诉争商标在以第四类肥皂为指定商品的情况下，与引证商标‘宝塚’在音形义上相近似的结论，这在理论上是不存在违法性的。”

如上所述，日本最高法院在“里拉宝塚”案判决中，肯定了对所谓的“组合商标”应采取分离观察的方法来进行近似性的判断。

（二）最高法院“堤村小型人形玩偶店”案

与“里拉宝塚”案相对照，在“つつみのおひなっこや”[1]案（“堤村小型人形玩偶店”案，最判平成20.9.8判時2021号927页，该案为商标无效复审行政纠纷案）中，最高法院作出了商标并不近似的判决。[2] 在知识产权高等法院原审判决［知財高裁平成19.4.10平成18（行ケ）10532］中则认为，作为

〔1〕“つつみ”发音对应的日文汉字为“堤”，“堤”为地名，指代的是仙台市青叶区堤村，该地域以生产黏土人形玩偶而自江户时代就已闻名日本。“の”即“的”之意；“おひなっこ”为“小型人形玩偶”之意。“や”（屋）为商店之意。故该日文名称所表示的意思为：堤村小型人形玩偶店。——译者注

〔2〕关于该案的判例评释请参考：鈴木將文［判批］ジュリスト1376号307～308頁（2009年）、許清［判批］知的財產法政策学研究34号407～426頁（2009年）。

无效宣告程序请求对象的注册商标“つつみのおひなっこや”与引证商标“つゝみ”及“堤”近似，因此作出了注册商标无效的判断。但是最高法院认为，仅以“つつみ”这一文字部分进行对比就得出两商标相近似的结论并不妥当，因此推翻了原审判决。

诉争商标（指定商品为“黏土玩偶”及“陶瓷玩偶”）

つつみのおひなっこや

引证商标 1（指定商品为“黏土玩偶”）

つゝみ

引证商标 2（指定商品为“黏土玩偶”）

堤

最高法院的判旨对“组合商标”进行了抽象性论述：“对由多个组成部分构成的‘组合商标’，仅在某一部分作为商品或服务的来源识别标记给相关公众带来强烈的支配性印象，或者另一部分并不产生作为来源识别标记的音形义的情况下，才允许提取商标构成部分中的某一部分，仅将这部分与他人的商标进行比较，进行商标相似性的判断。在其他情况下，这种对比方法都是不允许的（请参考‘里拉宝塚’与‘SEIKO EYE’两案）。”

也就是说，在该案抽象论中并未采取分离观察法，而是采取了整体判断的原则。接下来最高法院又将该案的事实关系嵌入抽象论进行了分析：“在诉争商标的构成中，其名称包含与两个引证商标发音相同的‘つつみ’字样，但诉争商标‘つつみのおひなっこや’文字以标准字体横向书写，其中每个字符的大小和字体都是一样的，并且在同一行上等间隔地表现了出来，因此对相关公众来说是很难仅仅单独提取‘つつみ’字样而吸引其注意力的。此外，根据本案事实，引证商标均于 1991 年注册，但上诉人（诉争商标权利人）

的祖父最迟于1981年就开始制造堤村小型人形玩偶。在诉争商标所指定商品的相关公众间，至少在本案无效宣告时点，'堤村人形玩偶'作为在仙台市堤村制造的人形玩偶已经为公众所熟知。即使诉争商标构成中的'つつみ'字样作为地名或人名使人联想到'堤村'或者'堤村人形玩偶'中的'堤村'，但是依据原审认定的事实，在本案无效宣告时点，不能够认为'つつみ'字样已经超出上述使人联想到作为地名的'堤村'的程度，而作为商品或服务的来源识别标记给指定商品的相关公众带来强烈的支配性印象。此外，诉争商标构成中的'おひなっこや'文字部分，即使在全国范围内已经在诉争商标指定商品的相关公众之间形成了作为制造和销售小型人形玩偶及其相关商品的店铺的认识，但是'おひなっこや'并不是一般用来形容'小型人形玩偶店'的通用词汇，一般认为它是一个臆造的词汇。因此，不能说'おひなっこや'部分是与黏土人形玩偶等密切相关的通用性和一般性的文字表达，也不能说这部分缺乏来源识别能力。"

也就是说，应该进行比较的是"つつみ"字样与"つつみのおひなっこや"字样整体，两者主要的不同点在于"おひなっこや"部分，而"おひなっこや"部分被认定为臆造词汇，因此诉争商标和引证商标并不近似。

（三）应遵从"堤村小型人形玩偶店"案中的抽象论划定本案射程

关于上述两案判决，作为判例法理来说，到底"里拉宝塚"案是否被"堤村小型人形玩偶店"案推翻成为争议的焦点。如果仅仅着眼于判旨文义，是可以读出"里拉宝塚"案采取的是以分离观察为原则，而"堤村小型人形玩偶店"案则以整体观察为原则的。

事实上，知识产权高等法院原法官宍户充先生就持"里拉宝塚"案被"堤村小型人形玩偶店"案推翻的观点。"本案（'堤村小型人形玩偶店'案）中，虽然原审判决是根据'里拉宝塚'案所述'尊重简单快捷的商业交易实践'所形成的经验规则，通过分离观察作出的，但是在考察了本案的实际交易情况后发现并不存在使得分离观察正当化的事由。而最高法院的判决则是在整理了先例的基础上，明确指出了分离观察可以适用的情况，在不满足这些情况时应适用整体观察方法。因此，明确指出整体观察和分离观察在适用条件上的区别正是本案最高法院判决的特征所在”；“‘SEIKO EYE’案、‘小僧寿司’案以及‘堤村小型人形玩偶店’案三案的原审判决都是在‘里拉宝塚’案判旨的指引下采取的分离观察法，但在最高法院阶段对此均予以否定，并明确指出了应以整体观察为原则，分离观察为例外进行判断。”[1]

（四）应通过“堤村小型人形玩偶店”案具体的事实关系来限定本案射程

此外，也存在与上述观点完全不同的观点，即“堤村小型人形玩偶店”案仅仅是因特殊事实关系导致的例外判决，并不意味着最高法院否定了“里拉宝塚”案所持以分离观察为原则的观点。持此种观点的代表性人物就是知识产权高等法院原法官饭村敏明先生。他指出：“最高法院在推翻原审判决时，即使只是针对一个个案而作出的判决……但是对之后遇到类似案例的下级法院来说，如果他们扩大解释最高法院判旨的适用范围，进而否定原审法院所采取的‘判断方法’‘取舍选择方法’等抽象论，在大多数情况下，都会阻碍妥当判断的得出……最高法院判决是在特殊的事实关系下才否定仅将‘つつみ’部分拿出来进行比较的，进而得出诉争商标与引证商标并不相近似的结论的，因此该案是具有强烈个案色彩的例外判决。”

在此基础上，饭村法官又举了一个扩大解释最高法院“堤村小型人形玩偶店”案判旨适用范围的例子。在“A gatha Naomi”案（東京地判平21·2·27判タ1297号262页，该案为侵权诉讼中的商标近似性判断）一审判决中，法院否定了原告主张的将被控侵权标识“A gatha Naomi”中“A gatha”部分单拿出来与原告注册商标“Agatha”进行比较的主张。对此，饭村法官作为

---

〔1〕 宍户充「最高裁判例にみる商標の類否の本質」パテント70巻10号59頁(2017年)。这里所说的“SEIKO EYE”案与“小僧寿司”案将在后文中详尽论述。

该案二审法官推翻了一审的判断，认为两商标近似［知財高判平 21.10.13 平成 21（ネ）10031］。[1]

（五）小结

在上文介绍的两种相对立的观点中，宍户先生所持的观点就是对判决中抽象论的部分特别予以重视，这种分析方法就是下文将详细介绍的“民商型”判例评释方法；而饭村先生所持的观点则更加重视案件事实与判决结论之间的关系，这种分析方法就是“判民型”判例评释方法。当然，在“判民型”判例评释方法中也存在完全不在乎法院在判决中所述抽象理由的类型，这种类型被称为“彻底的判民型”判例评释方法。[2] 需要指出的是，在“判民型”与“民商型”之间并不存在非黑即白的界限。他们的区别仅在于，根据判例评释所欲达到的目的的不同，采取某种立场可能更合适实现判例评释研究的目的而已。对于这方面的问题，我将在下文详细论述。

二、判例分析的方法——判民型 vs. 民商型

（一）判例评释的目的为何？

在讨论判例评释的方法论时，非常有必要理解何为判例评释的目的。

判例评释的目的之一是将判决作为论文看待，将判决中的判旨作为学说的一种进行批判性研究。一般实务界人士所撰写的判例评释都是出于这种目的，同时，学者撰写的判例评释从比例上看可能也多是出于这种目的。

---

〔1〕 飯村敏明「商標の類否に関する判例と拘束力—最三小判昭和 43 年 2 月 27 日判決を中心にして」Law&Technology52 号 52～53 頁（2011 年）。

〔2〕 “判民型”与“民商型”的区别主要是通过口头代代流传的，很少有详尽探讨的文献。在仅有的文献中，大村敦志等编辑的《民法研究指引》［大村敦志他『民法研究ハンドブック』（2000 年·有斐閣）305～343 頁］中的论述最为详尽。下文我的论述就是接受了包括上述著作执笔者之一的大村敦志先生为代表的诸位先进的口头传授，或是阅读他们撰写的判例评释受到启发，并经过我反复咀嚼之后才向下一代青年学者传授的。正因本是同根生，所以本文所论述的内容与上述著作所论述的内容并没有太大的不同。

坦白地说，如果没有接受过判例评释方法论的专业训练，很有可能以这种形式写出案例评释。当然这种体裁也并非一无是处，也是一种可以成立的研究手段。无论是否冠以判例评释之名，包括我在内，在撰写论文时也会将判旨作为学说的一种予以引用与检讨。但是本文在专门探讨判例评释的方法论的情况下，继续论证此种思考方法的话就显得毫无意义了。如果将判旨与一般论文等同视之，也就没有必要讨论在论文之外为什么要单独设立一种"判例评释"的研究体裁了。

判例评释的另一目的在于对将来类似案件的判决结果予以预测。假设法院刚刚作出一个新的判决，那么在这个新的判决中法院到底是追随了既有判例的论理，还是添加了新的内容，抑或是完全否定了既有判例的论理？只有在将新的判决准确定位于既有的判例法理的基础上，才可以预测到将来遇到新的类似案件法院是否会继续该案的论理，还是将该案视作一个例外的案例而不予遵从。这就是所谓天气预报式的判例评释，也可以说是对实务最有价值的一种研究方法。我在撰写实务类书籍时，经常从这个角度分析案例。

判例研究的第三个目的在于将自身的观点融入其中以便对将来的判例施加影响。在讨论判例评释的方法论时，这可能是学者们最为热衷的方法了。

谈到这个问题，我总是会引用刑法大师平野龙一博士文章中的论述，即"判例研究的难点就在于，要准确地把握对判决进行批评的'魂'。而这需要一定'阅历'的积累……当然，不乏有人一上手就摸门儿了，即使是悟性差一点的人，也会在经历了岁月的磨砺后，渐渐地摸门儿。不过，对于那些从没有接受过此类训练的人来说，他们所撰写的判例研究或法解释论文章，就总会给人一种不得要领的感觉……当然，学者并不应该为实务所左右，必须与实务保持一步之遥……将自己置于一步之遥处进行批判才是学者的职责所在，也是判例评释的使命所在……然而，我们很难知道这一步到底要走多远，这也正是难点所在……如果将自己置于离案件5步或10步之外的话，那么写出来的东西不过是空洞的口号，将丧失对实务的影响力。到底将自己置于与案例多远的距离来进行批评，可能是判例研究中最令人苦恼的部分。”〔1〕

回想起来，在我作为一个新人步入学界之初，曾在某个研究会上被要求做一个判例评释。当时，我查了很多文献，花费了很大工夫，期待能够得到如潮的好评。但是结果事与愿违，汇报的反响并不是很好，被人指出了很多问题。实话实说，当时我并没有真正理解平野龙一博士所谓的判例评释的“魂”之所在，但现在我可以说我已经摸门儿了。所谓的“魂”之所在就是将自己置于“一步之遥”处进行的批评。也可以说是一种与案例“不即不离”的绝技。

举例来说，当你声称“这个案子判得很奇怪，竟然和我非常推崇的某个学说完全不一样”，这也恰恰说明了你所推崇的这个学说根本就没有纳入判例的“法眼”，也就相当于你自己宣称你并不想对判例施加任何影响。相反，当你声称“乍一看，这个判决似乎采用了某种理论，但如果你结合案件事实仔细阅读判决理由的话，你会发现它实际上采用了另一种理论”，虽然这听起来不免有些“换汤不换药”，但当实务界人士听到你的这种观点后并不认为这是“换汤不换药”的话，那说不定真的能起到影响实务的效果。作为学者，如果你太坚持像天气预报员一样准确预测实务的走向，那么你很可能不会对判例是否具有理论上的正当性品头论足；但如果你太脱离判例而大发宏论，那么你又会失去对实务的影响力。为此，将自己置于与实务“一步之遥”处的这种“不即不离”的绝技正是判例评释所追求的“魂”之所在。

---

〔1〕　平野龍一「判例研究の効用」同『刑法の機能的考察』(1984年・有斐閣)270～271頁。

（二）判民型

“判民型”判例评释就是为了实现“一步之遥”的“魂”之所在的方法。

“判民型”的名称源于东京大学民法判例研究会（现为民事法判例研究会）（简称“判民”）设立之初，末弘严太郎先生所倡导的判例研究方法。它是一种强调捕捉法院对具体事实关系所做判断的方法，而不是将判决中抽象的措辞单拿出来作为“判例”予以看待。下面，我想引用一下末弘先生对于这种研究意义的论述。

“直到大正中叶左右，许多学者都以‘判例批判’的名义，对判决理由中所采用的论理进行理论批判。这种研究将判决的理由与学者的学说等同视之，只是对判决进行抽象的批评而已。

“何为判决呢？判决的实质是……法院在裁判案件时所想象的法律规范……它既不是诸如大审院（或上诉法院）编写判例汇编的人提炼的，作为‘要旨’的部分中出现的那个东西，也不是判决理由中出于技术性动机而使用的理论说明。要想一窥其中的门道，首先要在判决整体中搞清楚之所以导致纠纷出现的具体事实关系的实质……然后，研究者需要在此基础上，从判决整体中推导出法官为其制定的法律规范。”〔1〕

在东京大学民事法判例研究会上汇报的判例评释以“最高法院民事判例研究”为题，发表在东京大学法学政治学研究科主编的《法学协会杂志》上。需要注意的是，并非所有在“最高法院民事判例研究”专题中发表的判例评释都属于“判民型”。由于在具有深厚的“判民型”传统的民事判例研究会上进行了汇报和讨论，因此这些文章较多的具有“判民型”色彩。同时，即使都称之为“判民型”，但是在多大程度上重视判决说理的问题上，到底是仅仅梳理了案件事实与结论的关系，还是也注重判决说理的过程，以及在什么

〔1〕 末弘厳太郎「判例の法源性と判例の研究探求」同『民法雑記帳（上）』（1980年・日本評論社）29頁［初出：法律時報13巻2＝3号（1931年）］。

程度上予以重视等还是存在细微差别的。

(三)民商型

那么所谓的"民商型"判例评释方法又是什么呢？一般认为,它是指在京都大学法学研究科所编辑的《民商法杂志》上所刊登判例评释的研究方法。但是,也有质疑是否真的存在"民商型"这种判例研究方法的呼声。[1]《民商法杂志》上刊登的案例评释,事实上并不存在产生这种评释的民事法判例研究会。被约稿撰写案例评释的人,从惯例上看似乎排除了目前隶属于东京大学法学政治学研究科的学者,但不意味着排除那些毕业于东京大学法学政治学研究科的学者。因此,我作为东京大学法学部助手出身的学者,在我执教于北海道大学法学研究科时,也被《民商法杂志》约稿撰写过案例评释。当时,我自然是使用了"判民型"评释方法。这也进一步印证了,"民商型"判例研究方法并没有一种统一的风格。

话虽如此,与是否在《民商法杂志》上刊登无关,脱离案件的具体事实而抽象地围绕判决中所述理由进行批判的判例评释的确是真实存在的。"民商型"这一用语,就是用来指代并不是"判民型"判例评释方法时而被惯用的一个词语。在下文中,我也将在这一意义上使用"民商型"一词。

(四)在何种程度上重视判决中的抽象性论述

"判民型"因撰写者相异而存在细微的差别,"民商型"又并不存在统一的风格,所以我并不以"判民型"或"民商型"二分法为圭臬,转而将问题设定在进行判例评释时,特别是在论及判例的射程时,在何种程度注重对抽象论的探讨。此时,将有若干视点值得进一步探讨。

一是与如何理解判决的形成过程紧密相关的。假设一种极端的情况,一种理解的方法是法官在形成判决过程中已经先对具体的个案如何下结论

---

〔1〕请参考:谷口知平/小橋一郎ほか「座談会・判例批評の方法論をめぐって(1)」民商法雑誌56巻1号103頁(1967年)。

有了判断,而判旨中的抽象论实际上是在此之后写上去的。假如这种理解符合实际情况,那么对判例射程的理解方法将必然采取“判民型”,特别是“判民型”中的“彻底的判民型”,即完全不考虑判旨中的抽象论。另一种理解的方法是法官在形成判决过程中是在所使用的抽象论的约束下作出判断的,这时在考虑判例射程时就需要注意判旨中的抽象论。

二是取决于对判例评释目的的理解。如果将判决作为学说的一种而进行批判的目的,那么在撰写判例评释时会采取“民商型”评释方法。相反,如果是抱着对实务有所影响的目的,在实现上述“不即不离”的绝技过程中,尽管在理论上不是必然如此的,但可能采取“判民型”评释方法会更加妥当。其原因在于可以增加具有操作可能性的道具,这样更容易引入概念的多义性。

另外,如果判例评释的目的是增加预测可能性,也就是撰写“天气预报式”的判例评释,那么从一般意义上看,可能既不是“判民型”也不是“民商型”。这一点很重要,语词在某些情况下是相当抽象的,具有多种解释方法,这个道理在解释判旨所使用的语词过程中也是共通的。例如,“堤村小型人形玩偶店”案判旨中提出的“组合商标”概念。尽管在“里拉宝塚”案判决中没有出现“组合商标”的字样,但在判决书中记载了原告主张本案为涉及“组合商标”的案件,同时一般也认为该案是“组合商标”的案例[1]。但是,仅仅因为使用了同一个词,也并不意味着“堤村小型人形玩偶店”案所指的“组合商标”和人们通常所指的“组合商标”(包括“里拉宝塚”案中的诉争商标)具有同一含义。那么,就有必要在考察了具体需要处理的商标到底是什么样的商标的基础上,判断“堤村小型人形玩偶店”案所述“组合商标”究竟是什么。

三是需要区分最高法院的判决和下级法院的判决来进行分析。日本最

---

〔1〕 请参考:吉井参也[判批]矢沢惇編『商号・商標・商号・不正競争判例百選』(1967年・有斐閣)59頁、鈴木/前揭注2・307~308頁、許/前揭注2・414頁。

高法院存在法院调查官的制度。现实运用的情况是为了给最高法院法官提供法律问题判断的辅助，一般担任调查官的均为下级法院的法官。[1] 最高法院的调查官会在梳理既有学说和判例的基础上，考虑相关先例对本案裁判及之后案例的影响，进而才给出判旨中的抽象性论述。[2] 而且，为了改变最高法院先前作出的判例，需要一个复杂的程序，也就是需要最高法院所有法官组成的大法庭来作出判决，而不是由 3 个小法庭作出（日本《法院法》第 10 条第 3 款），因此最高法院的法官在作出判决时必须意识到将来会形成何种样式的判例法理后才作出。总之，应有足够理由认真对待最高法院提出的抽象性论述。

与此相对应，下级法院一般并不存在调查官的制度（事实上知识产权案件还是有些区别的），同时地方法院一般采取独任制。法官平均受理的案件数是非常多的。[3] 由于没有专门审判部门，下级法院法官需要面对各种类型的案件。即使存在专门审判部门，由于法院采取的轮转制人事政策，法官通常会以 3 年为周期轮转到其他部门。这样可以想象，面对需要平行处理的 200 件案件，且所属领域多种多样，要求他们在彻底调查既有判例和学说的基础上，预先考虑如果采取了这样的抽象论会对将来案件产生何种的影响后作出判决，几乎是不可能完成的任务。至少在最高法院的调查官或者学

---

〔1〕 滝井繁男「最高裁審理と調査官」市川正人ほか他編『日本の最高裁判所 判決と人・制度の考察』(2015 年・日本評論社)234 ~ 235 頁。その現実に果たしている役割につき、同 235 ~ 240 頁、藤田宙靖[発言]「藤田宙靖先生と最高裁判所(1)」法学教室 400 号 71 ~ 72 頁(2014 年)、市川正人「最高裁判所審理の現状と課題」同編・前掲 206 ~ 208 頁。

〔2〕 这些调查成果会以该案调查官的名义发表在《最高法院调查官判例解说》(「最高裁調査官判例解説」)上。知识产权类案件的话会很快发表在 *Law & Technology* 杂志上；其他案件的话一般会发表在《法律时报》(「法律時報」)上，并会按年度汇编成合集《最高法院调查官判例解说》由法曹会出版。

〔3〕 在大城市的法院经常是平行处理约 200 件的案件[例如，在第 196 回国会上法务委员会的最高法院事务总局局长中村慎就指出：作为受最高法院院长指派的东京地方法院民事审判部的法官，平均 1 位法官手头的案件数在 2007 年年底大概是 190 件，从 2003 年年底到 2006 年年底有 170 件到 190 件[第 196 回国会法務委員会第 5 号(平成 30 年 3 月30 日，https://www.shugiin.go.jp/internet/itdb_kaigiroku.nsf/html/kaigiroku/000419620180330005.htm)]。

者的论文同等程度上进行这样详尽的调查是完全不可能的。鉴于下级法院的判决是在这样的制度限制下作出的，因此过分拘泥于判决的抽象论并讨论其对后来司法实践会有何影响是没有意义的。[1]

即使如此，并不意味着对下级法院判决进行研究毫无意义。

一方面，绝大多数案件下级审就是终审了，因此把握下级审的裁判倾向，如有必要尝试对其施加一些影响的话，将具有极高的实务价值。

另一方面，下级法院的判决为没有这种机会参与审判的研究者提供了一个绝佳的学习机会，因为它展示了一个面对具体案件事实作出判断的过程。往往是在一个具体的案例中才第一次注意到这样一个案例是否应该采纳这一抽象论，或者采纳这一抽象论是否会导致不利后果。此外，法官在法律论证的过程中也在费尽心血地填补既有讨论中的空白。而且，特别是在没有明确规则的情况下，当然也包含存在规则的情形，下级法院法官是极有可能通过利益衡量来裁判案件的。至少可以说，研究者更加重视对案件具体事实的各种因素的考量，这可能对分析案件更加有用。

考虑上述因素，重视具体事实与结论之间关系的判例研究方法，对下级法院的案例研究仍具有相当的价值。

三、具体应用

以下将在上述判例评释方法论相关问题意识的指引下，结合之前介绍

[1] 但在知产领域就不是这样了。知产案件即使在地方法院，也是和高等法院一样采取3位法官合议制审理的，同时知识产权案件不仅有专门审判庭，还存在所谓的“知产轮转”的法官职业路径。也就是在东京地方法院和大阪地方法院的知识产权专门审判部门、知识产权高等法院，以及作为最高法院调查官的法官均是审理知产案件经验十分丰富的法官［请参考田村善之「知財高裁大合議の運用と最高裁との関係に関する制度論的考察－漸進的な試行錯誤を可能とする規範定立のあり方－」同『知財の理論』(2019年・有斐閣)246～270頁］。相对来说，也孕育了应关注到判决中抽象论述的土壤。同时，知识产权高等法院的大法庭判决，甚至相比于最高法院的判决来说，其抽象论述对后续案件的影响力更大（见于田村前书第270页）。这样，特别是以知识产权高等法院大法庭判决为判例评释的对象时，一定要在注重抽象论的基础上开展评释工作。

的最高法院关于“组合商标”的判决进行分析。

首先作为头脑风暴，我们先完全不看判决中的抽象论，而是尝试仅分析案件事实与结论之间关系的“彻底的判民型”评释方法。在此基础上我们再来尝试一下关注抽象论的“普通的判民型”评释方法。

（一）先例的确定

1.“里拉宝塚”案

在之前述“里拉宝塚”案中，诉争商标并不是片假名、汉字与英文字母横向一列排布的，而是中央夹杂着图形，且片假名、汉字与英文字母纵向排列。与此相对照，引证商标是两个文字构成的汉字。在此种情况下，最高法院认定商标近似。

2.“冰山印”案

“冰山印”案〔1〕诉争商标为图形商标，在圆形内描绘着冰山的形状，在其下标记着“冰山印”文字。其中“冰山”的平假名为“ひょうざん”（日语发音为“hyozan”），而引证商标是平假名的“しょうざん”（发音为“syozan”）。最高法院否定了两商标近似。

诉争商标

引证商标

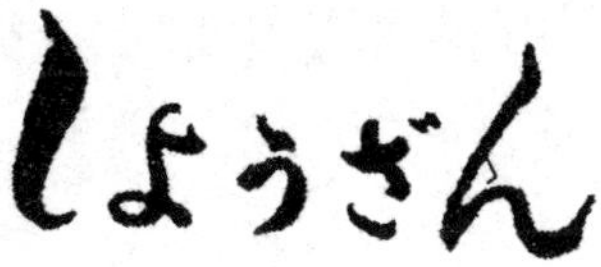

〔1〕　最判昭和43.2.27民集22卷2号399頁〔冰山印〕。

3. “SEIKO EYE”案

在“SEIKO EYE”案[1]中，诉争商标与引证商标共通的部分是“EYE”，诉争商标的指定商品中包含眼镜，而引证商标中包含眼镜领域的驰名标识“SEIKO”，这是二者的主要区别。对此，最高法院认为两个商标并不近似。

诉争商标	引证商标
eYe miyuki	SEIKO EYE

4. “PALM SPRINGS POLO CLUB”案

以上介绍的案例均适用日本《商标法》第 4 条第 1 款第 11 项规定，其中诉争商标和引证商标的指定商品或服务都是相类似的。但与此不同的是，“PALM SPRINGS POLO CLUB”案[2]适用的是日本《商标法》第 4 条第 1 款第 15 项规定，即不允许注册可能造成来源混淆的商标。在只关注案情和结论之间关系的“彻底的判民型”评释方法下，只要注册商标是因引证商标而不允许注册的，无论适用的条款有无差异，“堤村小型人形玩偶店”案均会作为先例而对其产生影响。不管怎么说，本案诉争商标与引证商标具有相同的“Polo”部分，但最高法院认定可能构成混淆，因此适用第 4 条第 1 款第 15 项驳回了注册。也就是说，在“彻底的判民型”评释方法下，虽然本案没有使用“商标近似性”的分析工具，但在结论上并未承认诉争商标的注册。

---

〔1〕 最判平成 5. 9. 10 民集 47 卷 7 号 5009 頁〔eYe miyuki〕。

〔2〕 最判平成 13. 7. 6 判時 1762 号 130 頁〔PALM SPRINGS POLO CLUB〕。

诉争商标

PALM SPRINGS POLO CLUB
パームスプリングスポロクラブ

引证商标

5. “堤村小型人形玩偶店”案

“堤村小型人形玩偶店”案诉争商标是平假名字符以相同字体、相同大小横向排列,而引证商标或是平假名或是汉字。最终法院认定两者并不近似,因此并未宣告注册商标无效。[1] 同时,在“彻底的判民型”评释方法下,纠纷产生的背景、当事人利害关系的状况等也是十分重要的。了解这一案件纠纷产生的来龙去脉也是十分必要的。

仙台市的堤村自江户时代开始制造黏土人形玩偶时起,就以“おひなっこ”(小型人形玩偶)或“つつみのおひなっこ”(堤村小型人形玩偶)冠名。在昭和初年之后则将之称为“堤人形”(堤村人形玩偶)。在昭和时代,仅有无效宣告申请人的父亲从事“堤人形”的制造工作,该技艺又由无效宣告申请人所继承。此外,本案注册商标权人的祖父,最迟在昭和56年(公元1981年)就已开始制造“堤人形”,其技艺是经本案商标注册人的父亲而传承给商标权人的。

也就是说,“堤人形”是一个通用名称,在指定商品上“つつみ”(堤)这一文字是缺乏来源识别能力的。此外,现在仅有原被告双方生产销售“堤人

[1] “堤村小型人形玩偶店”案相比于上述介绍的其他最高法院的判例,其特殊之处是该案为无效复审相关的行政纠纷,而其他案件是驳回复审相关的行政纠纷,尽管适用的条文均是日本《商标法》第4条第1款第11项(“里拉宝塚”案和“冰山印”案适用的是日本旧《商标法》第2条第1款第9项),严格地说是相异的案例。但是,如果这样认为,就找不到先例来与“堤村小型人形玩偶店”案进行比较了,而本文介绍判例研究方法的目的也就难以实现了。鉴于此考虑适用的条文是相同的,因此本文也就不再拘泥于是否是相同的案件了。

形”，也就是说二者存在竞争关系。尽管如此，原告作为引证商标“つゝみ”和“堤”的注册商标权人，即使以丧失来源识别能力为理由而对其提出无效宣告程序，也会因为受到日本《商标法》第47条之限制，即以通用名称为事由而宣告无效的受到注册后5年除斥期间的限制，也就是说已经无法再宣告引证商标无效了。正因如此，在处理该纠纷时，要以引证商标一定会存在为前提来进行判断。如果被告的注册商标在这种情况下被宣告无效，那么，原告将是唯一拥有主体部分为“つつみ”的注册商标的堤村人形玩偶经营者，两个竞争者之间的平衡就会被打破。在这种情况下，最高法院并未支持二者近似的观点。[1]

进一步来说，最高法院判决认定了“おひなっこや”（小型人形玩偶店）并不是通用名称而是具有识别力的部分。在此种情况下，最高法院判决存在“おひなっこや”部分的诉争商标和不存在“おひなっこや”部分的引证商标并不近似也不是没有道理的。但是，本来在认定“おひなっこや”是一个臆造词语时，很有可能已经受到上述本案特殊的事实关系导致的利益衡量的影响了。[2]

6.“小僧寿司”案

宍户先生在论及作为“堤村小型人形玩偶店”案的先例时提到了“小僧寿司”案。[3] 该案中，拥有注册商标“小僧”的权利人，针对以“小僧寿し”（小僧寿司）为名在全国范围内都十分知名的连锁寿司店提起了侵权诉讼，

---

〔1〕 这里如果要阐述一下我的观点的话，本来就应该认识到由于所谓的除斥期间制度会导致利益不平衡的现象出现，并应该在此基础上确立优先保护已经凝聚了信用的注册商标。因此先不谈是否非要坚持所谓的立法论，仅从解释论来看，确实不应该将除斥期间导致的利益不平衡状态作为一个考量因素。

〔2〕 以我日语的理解来看，单听别人说“おひなっこや”我是不知道什么意思的。不过如果向我说明了它的含义的话，的确“おひなっこ”是用来指代“小型人形玩偶”的，而“や”（中文中的“屋”）也就是店的意思，我是能够理解它是指代“小型人形玩偶店”的。

〔3〕 最判平成9.3.11民集51卷3号1055頁〔小僧寿し〕。

要求其停止使用“小僧寿し”“KOZO SUHI”“KOZO ZUSHI”等标识，以及请求损害赔偿。在诉讼中小僧寿司的本部与原告和解，因此最终诉至最高法院的仅是在四国地区经营的加盟商。

注册商标

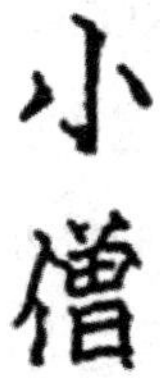

被控侵权标识

被告所属的“小僧寿司”是一家外卖型寿司连锁店，在20世纪70年代作为餐饮业排名第一的品牌却没有进行商标注册。[1] 另外，“小僧”商标最早是在20世纪50年代初期注册的，此后一直没有使用，但对商标进行了续展。在“小僧寿司”开业后，原告在大阪的几家店铺中使用了“おにぎり小僧”这个名字，这主要是为了避免因注册商标连续3年不使用而被撤销，之后它就提起了商标侵权诉讼。

对此，最高法院是如何作出裁判的呢？首先，被控侵权的多数被告使用的标识，由于构成了日本《商标法》第26条第1款第1项的使用自己名称而否定了构成侵权。其次，“小僧寿司”文字在与图形一起使用的情况下，由于不满足日本《商标法》第26条第1款第1项所要求的“以通常的使用方法进行使用”，因此难以适用该规定予以免责。但是，由于被告以“小僧寿司”连

〔1〕 当时日本是不允许注册服务商标的，只允许注册商品商标，这也是它没有注册商标情有可原的一个方面。

锁店的名字而闻名,"小僧寿司"中的"小僧"部分不能单独提取出来比对,在相关公众看来不会与注册商标"小僧"发生混淆。因此,尽管两商标都用于寿司,但最高法院否认了"小僧寿司"和"小僧"近似。最后,由于贴在两家店面墙壁和入口处的商标"KOZO"与"小僧"发音是一样的,认定构成近似。[1]虽然最高法院支持了禁令救济,但是以没有给原告带来损害为由驳回了损害赔偿请求。

总之,虽然原告取得了部分胜诉,但被告也就只需将"KOZO"字样从店面的墙壁或入口处移开就可以了,可以说被告几乎取得了完全胜诉。法院在作出这一结论时,运用了多种法理,但本来只要被诉侵权商标在全国范围内享有盛名,就没有必要再促使将原告的商誉凝结于该标识之上了,否则反而会导致混淆。考虑注册商标制度的宗旨,以原告行使注册商标权的行为构成权利滥用[2]这个理由就足以驳回原告的诉讼请求。

无论是在"彻底的判民型",还是在"普通的判民型"下,"小僧寿司"案均难以成为"堤村小型人形玩偶店"案的先例。

首先,必须认识到"小僧寿司"案的事实关系是极其特殊的。被控侵权标识是全国范围内知名的标识,这直接导致了最高法院总会想些办法使案件朝向不构成侵权的方向发展。在"彻底的判民型"分析方法下,"小僧寿司"案也难以成为不存在相同事实关系的"堤村小型人形玩偶店"案的先例。

其次,虽然都是处理的商标近似性问题,但是两案适用的条文是相异的。"堤村小型人形玩偶店"案适用的是阻却商标注册的日本《商标法》第4条第1款第11项,而"小僧寿司"案是商标侵权案件,适用的是日本《商标法》第37条第1款。由于适用条文的不同,也导致了两者在近似性的判断方

---

〔1〕 我觉得如果认为在寿司上使用"小僧"和"小僧寿司"并不近似,那么也应该认为"小僧"和"KOZO"并不近似。

〔2〕 具体论述请参考:田村善之『商標法概説』(第2版·2000年·弘文堂)93頁。案例的梳理请参考:朱子音[判批]知的財産法政策学研究61号掲載予定。

法上存在区别对待的情况。[1] 如果这样,即使在“普通的判民型”下,也应慎重对待是否应将“小僧寿司”案作为阻却商标注册案件先例的问题。

(二)彻底的判民型之分析

下面我们来进行“彻底的判民型”分析,即完全不看判决中的说理,仅仅关注案件事实与判决结果之间的关系。在此种情况下,如果仅着眼于阻却商标注册的行政案件,那么,可以说包含“里拉宝塚”案和“堤村小型人形玩偶店”案在内,这些案例的裁判逻辑是一致的。

在标识是由文字和图形组合在一起的情况下,如果文字的部分是共通(如“里拉宝塚”案),就会得到近似的结论;如果文字的部分不是共通(如“冰山印”案),就会得到不近似的结论。

如果商标文字的各部分之间存在间隔而排列,当识别力强的部分共通(如“PALM SPRINGS POLO CLUB”案),会得到近似的结论;当识别力弱的部分共通(如“SEIKO EYE”案),会得到不近似的结论。

如果商标文字各部分之间并不存在任何间隔,且文字全部是由平假名构成,作为一个整体进行比较两个商标并不共通(如“堤村小型人形玩偶店”案),就会得到不近似的结论。

此外,由于“小僧寿司”案是事实关系极其特殊的案例,且属于商标侵权案件,因此不在讨论的范围。

(三)普通的判民型之分析

我们在上文中对“彻底的判民型”进行了分析,如果在事实关系的基

---

[1] 举例来说,对于很难称之为固定因素的实际交易情况到底在多大程度上影响近似性的判断问题,在阻却注册与否相关的最高法院“保土谷化学社標”案[最判裁昭和49.4.25昭和47(行ツ)33]中持否定态度,而在侵权与否相关的最高法院“木林森”(最判平成4.9.22判時1437号139頁)则持肯定态度。而我也认为这种相异的处理是有一定道理的[田村善之[判批]ジュリスト1140号136~139頁(1998年),案例的梳理请参考:許清「商標類否の判断基準に関する一考察(2・完)-裁判例に基づく商標類似性に対する分析-」知的財産法政策学研究50号137~151頁(2018年)]。

础上再加上对于判决理由中抽象性论述理解的"普通的判民型"来分析，也不会导致对最高法院各判决中判旨的歪曲理解，从而得到相同的分析结论。

1."里拉宝塚"案和"堤村小型人形玩偶店"案的关系

首先，"里拉宝塚"案判决的判旨中的抽象论部分到底与"彻底的判民型"案例分析后所得到的结论是否一致，这需要回到判旨部分来寻找相应段落。在该案最高法院判决中指出："如果将一个商标的各组成部分分割开独立进行观察并不会被认为在交易实践中显得很不自然，也就是说，这种商标并不被认为是各组成部分不可分割的商标，那么并不总是需要通过商标标识整体的音形义来确定该商标的音形义。"在将该案事实嵌入抽象论的过程中，判决指出，在"各组成部分分割开独立进行观察并不会被认为在交易实践中显得很不自然，也就是说，这种商标并不被认为是各组成部分不可分割的商标"的情况下，应该进行分离观察。

而在"堤村小型人形玩偶店"案中，以"对由多个组成部分构成的'组合商标'"为起始的抽象论部分的射程也是及于"里拉宝塚"案中诉争商标这一"组合商标"的情况的。在该案事实关系嵌入抽象论的过程中指出："诉争商标'つつみのおひなっこや'文字以标准字体横向书写，其中每个字符的大小和字体都是一样的，并且在同一行上等间隔地表现了出来，因此对相关公众来说是很难仅仅单独提取'つつみ'字样而吸引其注意力的。"

如果综合分析上述说理，在"里拉宝塚"案中对"如果将一个商标的各组成部分分割开独立进行观察并不会被认为在交易实践中显得很不自然，也就是说，这种商标并不被认为是各组成部分不可分割的商标"的情况，应该以分离观察为原则。而该案诉争商标是由图形和文字组合的商标，采取分离观察并不会导致"各组成部分分割开来独立进行观察会被认为在交易实践中显得很不自然"。

与此相对照,“堤村小型人形玩偶店”案所处理的并不是“里拉宝塚”案那种图形和文字组合的商标,由于“つつみのおひなっこや”文字以标准字体横向书写,其中每个字符的大小和字体都是一样的,并且在同一行上等间隔地表现出来,因此对相关公众来说是很难仅仅单独提取“つつみ”字样而吸引其注意力的。这样也就构成了“里拉宝塚”案中所述的“各组成部分分割开独立进行观察会被认为在交易实践中显得很不自然,也就是说这种商标应被认为是各组成部分不可分割的商标”。

如此一来,“堤村小型人形玩偶店”案最高法院判决抽象论中所指“对由多个组成部分构成的‘组合商标’”原则上不可分离观察的论述,与“里拉宝塚”案中“各组成部分分割开独立进行观察会被认为在交易实践中显得很不自然,也就是说,这种商标应被认为是各组成部分不可分割的商标”的论述是一致的。在此种理解下,“堤村小型人形玩偶店”案并没有推翻“里拉宝塚”案的判例法理,对于“各组成部分分割开独立进行观察会被认为在交易实践中显得很不自然,也就是说,这种商标应被认为是各组成部分不可分割的商标”而言,原则上不应采取分离观察法。仅在“某一部分作为商品或服务的来源识别标记给相关公众带来强烈的支配性印象”,或者在“另一部分并不产生作为来源识别标记的音形义”的情况下,才允许例外地采取分离观察法。从这个角度看,两案抽象论并无任何矛盾之处。

诚然,如果仅看“堤村小型人形玩偶店”案判决理由,而忽略对事实的关照,且并不考虑整合“里拉宝塚”案判旨来理解,由于“堤村小型人形玩偶店”案判旨针对的是“由多个组成部分构成的‘组合商标’”。这样“里拉宝塚”案中所处理的文字与图形相结合的商标也应包含在内(这种理解可能更加理所当然吧)。但是如果以具体案件事实为前提,尝试一种追求与既有判例法理相一致的解释似乎更可取，因为它避免了对先例中所述判例法理[1]的变更。[2]

2.“里拉宝塚”案和“SEIKO EYE”案的关系

接下来我们再来分析“里拉宝塚”案和“SEIKO EYE”案之间的关系。宍户先生将两案置于相对立的位置，而我下文论述也许会有不同的理解方式。

“SEIKO EYE”案的判旨是这样论述的：“由于本案引证商标也将眼镜作为其指定商品，因此当诉争商标用于眼镜时，本案引证商标构成中的‘EYE’部分即使不是直接表明眼镜的品质与用途等特征，作为与眼镜密切相关的具有代表‘眼睛’的一般含义的文字，并不会给相关公众留下一个特定的和深刻的印象。另外，原审法院已认定引证商标构成中的‘SEIKO’部分是在日本国内非常著名的手表制造和经销商服部精工株式会社所经营的商品或其商号的缩写。”

“这样的话，当引证商标是由字母‘SEIKO’和字母‘EYE’组合而成，并用于指定商品眼镜时，‘SEIKO’部分对相关公众来说，作为来源识别标志会给人以强烈而显著的印象；与之相反，在具体交易的实际中，仅使用与眼镜密切相关的通用字符‘EYE’的部分，除非有特殊情况，并不会将其作为来源识别标记而产生音形义的认知。因此，仅以‘SEIKO EYE’作为一个整体或仅以‘SEIKO’部分才会产生音形义的认知。”

“简言之，鉴于对上述事实的确认，引证商标中‘EYE’的部分并不会产

---

〔1〕 从另一个角度来看，“堤村小型人形玩偶店”案并没有刊载在《民集》(《最高法院民事判例集》)上。《民集》是最高法院编辑并公开发布的判例集，最高法院作出的判决中，只有经过最高法院内部会议的讨论后才决定是否可以在《民集》上刊登。“里拉宝塚”案刊登在了《民集》上，而“堤村小型人形玩偶店”案并没有刊登在其上，这就说明后者并不应像前者那样受到重视。这也就是朝向支持饭村先生所说的“堤村小型人形玩偶店”案仅是一个例外判决的方向发展的因素。

〔2〕 但是、“里拉宝塚”案由于适用的是旧《商标法》，而“堤村小型人形玩偶店”案适用的是现行《商标法》，因此严格来说是不构成判例变更的。

生音形义的认知,原审法院认为‘EYE’部分不一定不会产生其他商品来源的论述,属于在商标近似性判断中法律适用的错误,因而是违法的,这种违法性直接影响了原判决的结论。”

“SEIKO EYE”案判决认定,“EYE”部分使用在眼镜商品上时识别力较弱,而“SEIKO”部分又属于十分知名的标识。因此,识别力较弱部分与知名性较强部分结合时,仅观察知名的部分,在识别力弱的部分具有共通性,应得出商标不相近似的结论。

值得一提的是,“里拉宝塚”案判旨指出:“如果将一个商标的各组成部分分割开独立进行观察并不会被认为在交易实践中显得很不自然,也就是说,这种商标并不被认为是各组成部分不可分割的商标,那么并不总是需要通过商标标识整体的音形义来确定该商标的音形义。经验法则告诉我们,仅以商标中的某个组成部分来确定音形义,或一个商标中产生了不止一个音形义也是很常见的事……”其中,只是说“并不总是”需要通过商标标识整体的音形义来确定该商标的音形义,仅以商标中的某个组成部分来确定音形义“也是很常见的”。

“SEIKO EYE”案判决仅指出,“在日本国内非常著名的手表制造商和经销服部精工株式会社所经营的商品或其商号缩写”的“SEIKO”部分与“作为与眼镜密切相关的具有代表‘眼睛’的一般含义的文字”的“EYE”部分“相互结合构成的商标”,“EYE”部分并不产生音形义的认识,只有“SEIKO EYE”作为一个整体或仅有“SEIKO”部分才会产生音形义的认知。

这样,在“里拉宝塚”案判决所述“并不总是”需要通过商标标识整体的音形义来确定该商标的音形义,仅以商标中的某个组成部分来确定音形义“也是很常见的”为前提的分析中,“SEIKO EYE”案判决知名标识与缺乏识别力的文字相结合的组合商标,就不属于“里拉宝塚”案判决所述仅以商标中的某个组成部分来确定音形义“也是很常见的”情形,这样就需要例外地采取整体观察法,或者是采取仅关注知名标识部分的分离观察法。这样,“SEIKO EYE”案也是在“里拉宝塚”案判例法理的延长线之上的。

（四）阻却商标注册环节下“组合商标”相关最高法院判例法理分析的小结

下文将在参考了“彻底的判民型”分析方法的基础上,以“普通的判民型”分析方法为指引,对阻却商标注册环节中商标近似性判断的最高法院判决进行小结。

首先,依据“里拉宝塚”案,先要判断其是否属于“如果将一个商标的各组成部分分割开独立进行观察并不会被认为在交易实践中显得很不自然,也就是说,这种商标并不被认为是各组成部分不可分割的商标”的情况。

如果认定了属于不可分割的情况,那么就应以整体观察为原则(如“堤村小型人形玩偶店”案)。但是,即使是在此种情况下,如果在“某一部分作为商品或服务的来源识别标记给相关公众带来强烈的支配性印象”,或者“另一部分并不产生作为来源识别标记的音形义”的情况下,也应该采取分离观察法(见“堤村小型人形玩偶店”案判旨中的抽象论)。

相反,如果认定了并不属于不可分割的情况,那么就应该以分离观察为原则(“里拉宝塚”案判旨)。但是即使是在此种情况下,对于知名标识部分与识别力较弱部分的结合应采取整体观察法,或者仅将知名标识部分拿出来采取分离观察法,而识别力较弱的部分不能提取出来采取分离观察法(“SEIKO EYE”案判旨)。

上述论述如果以流程方式表示即:

先判断“如果将一个商标的各组成部分分割开独立进行观察并不会被认为在交易实践中显得很不自然,也就是说,这种商标并不被认为是各组成部分不可分割的商标”(如“里拉宝塚”案)。

Yes⇒整体观察为原则(如“堤村小型人形玩偶店”案)

但是,“某一部分作为商品或服务的来源识别标记给相关公众带来强烈的支配性印象”,或者“另一部分并不产生作为来源识别标记的音形义”⇒分离观察法(如“堤村小型人形玩偶店”案)。

No⇒分离观察为原则(如“里拉宝塚”案)

但是,知名标识部分与识别力较弱部分结合的情形⇒或整体观察,或仅分离观察知名部分(“SEIKO EYE”案)。

这里需要注意的是,上述思维流程并不是对法官内心中判断手段的推测。个案中法官经历什么样的心理过程才能得出结论先姑且不谈,以上内容仅是在整理了最高法院一系列判决后形成的首尾一致的判例法理而已。

四、总结

上文展示了“判民型”判例评释,也就是着眼于案件事实的分析方法在分析一个具体问题上的应用。但是不得不再次重复的是,判例评释的目的是多种多样的,像宍户先生那样采取“民商型”的分析方法也绝不能说是错的。事实上,在之后的案例中,尽管不是全部,但几乎下级法院的判决中都采取了“堤村小型人形玩偶店”案判决的抽象论。在此种情况下,以预测为目的,宍户先生的判例研究方法也是有一定可取之处的。但是我将自己置于与“堤村小型人形玩偶店”案“一步之遥”的距离对其提出了批判,认为该案判旨的射程应该限定,为了实现这一目的,采取“普通的判民型”评释方法是最为妥当的手段。

事实上,已经有实务界人士指出“堤村小型人形玩偶店”案判旨有可能诱发“商标盗用”问题。[1] 举例来说，“REEBOK ROYAL FLAG”案[2]就是一个典型的实例。在该案中，知识产权高等法院撤销了认定两商标近似的原行政裁决。

诉争商标 1

Reebok

ROYAL FLAG

诉争商标 2

REEBOK　ROYAL　FLAG

（標準文字）

引证商标

ROYAL FLAG

该判决中引用了“堤村小型人形玩偶店”案，由于“REEBOK”在相关商品上作为指示源于原告的标识，已经达到众所周知的程度，这样“诉争商标，宜采取整观察，或仅提取给人以强烈的支配性印象的‘REEBOK’字样作为商品的来源识别标志，来与引证商标进行近似性判断”，在此基础上否定了商标近似（撤销了认定近似的原行政裁决）。

但是如果这样，以在先商标（ROYAL FLAG）为基础，在其上附加知名标

---

〔1〕 産業構造審議会知的財産分科会商標制度小委員会第 18 回商標審査基準ワーキンググループ議事録 20 頁（大西発言）（https://www.jpo.go.jp/resources/shingikai/sangyo-kouzou/shousai/shohyo_wg/document/index/new18_gjiroku.pdf）。

〔2〕 知財高判平成 28.1.20 判タ 1436 号 125 頁［平成 27（行ケ）158］［REEBOK ROYAL FLAG］（Ⅰ事件）、知財高判平成 28.1.20 平成 27（行ケ）159［同］（Ⅱ事件）。

识(REEBOK)进行申请时,若不允许从在后的组合商标中分离提取在先商标(ROYAL FLAG)的部分进行观察,在先商标就会仅能以整体观察的形式出现。从在后组合商标的角度看,知名标识(REEBOK)被分离提取,会导致对在后商标的分离观察,那样只要给在先商标附加上一个知名的标识,就很容易就会得出不相近似的结论,进而允许包含了在先商标的在后商标注册。当然,如果仔细研读判决理由则可以发现,注册商标的保护范围应并不因包括"ROYAL FLAG"这两个商标的共通部分,而应及于"ROYAL FLAG"的部分。但是,这并没有形成明确的结论,在后商标被注册后不能说一定不会对"ROYAL FLAG"将来的经营活动带来不利影响。这也就是所谓的"商标盗用"问题。

为了防止"商标盗用"现象的发生,就有必要限定看似推翻了"里拉宝塚"案判例法理的"堤村小型人形玩偶店"案判旨的射程。在此种情况下,贯彻"彻底的判民型",将"堤村小型人形玩偶店"案限定在该案具体的案件事实上可以作为一个选项,但是在兼顾抽象论的基础上整合两案判旨,作为将自身置于"一步之遥"的判例评释方法,则是我这篇文章所推崇的最易于被接受的研究方法。

综上,我的这篇小文仅仅是以日本案件为素材,带领大家一窥日本判例评释的奥妙,我也非常希望能够对中国读者有所启示。

田村善之*

2021年7月

---

* 东京大学法学政治学研究科教授。

引言

在知识产权领域,法律规则的形成和发展与快速迭代更新的技术创新及应用具有天然的联系,而立法的稳定性使其制定和修改不可能过于频繁,因此,知识产权法律条款不可能过于精细化而应当保持一定的原则性和弹性,使纠纷发生时裁判者可以结合事实和证据进行解释和适用来解决实践中不断出现的新问题。当然,这对立法的技巧和科学性、对裁判者的释法能力都提出了较高的要求,特别是知识产权案件的法律适用往往还同时涉及民法、程序法、行政法、经济法等修法频率更低的其他基础性法律,高度依赖裁判者在个案中对相对原则的实体和程序法律条款的准确把握。

知识产权的客体均是无形信息,其受专有权保护的内容及与其他信息的边界不容易划定,尤其是在侵权案件中,法院对是否构成侵权、责任判定、损害赔偿的证明等问题的阐释,对法律的最终实施效果具有重要影响。因此,作为全球通行的为保护知识产权而设立的司法救济程序和制度,知识产权司法保护在各类纠纷化解中具有不可替代的作用。无论是有判例法传统的英美法系国家,还是有成文法传统的大陆法系各国,都十分重视知识产权典型案例的释法和示范作用;个案中对实体正义和程序公正的追求,不仅是当事人的切身利益所在,而且是法律共同体的一致目标。同样,搜寻、分析、提炼典型案例中的裁判规则是研习知识产权法的旨趣所在。为此,从研究者的角度，中立地对中国知识产权审判效能进行评价，是搭建法学理论研究和司法实务桥梁的有益尝试。

本书结合2020年的特殊时代背景对知识产权司法解释、司法政策和审判机制完善等方面的审判工作进展进行考察，并梳理盘点知识产权专利领域的典型案例，分析法院在裁判规则形成、裁判尺度统一、裁判说理等方面的成就以及可能存在的模糊认识或缺憾。

一、知识产权审判工作概况

（一）加强知识产权司法保护的时代需要

2020年，新冠肺炎疫情给各国的发展带来诸多不确定因素，中国在全面建成小康社会取得历史性成就、迈入新发展阶段之初，也面临着更加复杂严峻的外部环境。2020年是新中国历史上极不平凡的一年，在世界经济艰难前行、单边主义和保护主义兴起的压力下，中国疫情防控和经济社会发展取得重大成果，中国成为2020年全球唯一实现正增长的主要经济体。

党的十九届五中全会指出，当今世界正经历着百年未有之大变局，中国已转向高质量发展阶段。当前，新一轮科技革命和产业转型方兴未艾，科技作为第一生产力的核心战略地位成为共识。新冠肺炎疫情的暴发，更凸显我国加快攻克重点科技领域“卡脖子”技术的重要性。习近平总书记在2020年11月底主持中央政治局第二十五次集体学习时指出，创新是引领发展的第一动力，保护知识产权就是保护创新。显然，在中国新发展阶段的规划中，全面加强知识产权保护对促进建设社会主义现代化经济体系、激发全社会创新活力、推动构建新发展格局具有重要意义。

知识产权保护是个系统工程，其中，具有权威性和终局性的、公正高效的知识产权司法保护，对严格实施知识产权法律，有效定分止争，引导科技创新、文化创作和商业竞争中人们的行为规范，保障国家和社会经济生活的顺畅运行具有重要作用。在新技术日益改变人们生产生活方式和社会经济发展模式、实施创新驱动发展战略事关中华民族前途命运、知识产权保护与国际贸易紧密挂钩的时代背景下,全面加强知识产权司法保护是中国遵守国际规则的现实需要,更是推动国民经济高质量发展的内在要求。

(二)中国法院知识产权司法能力建设概况

1. 司法政策与司法解释方面

2020 年,中国知识产权审判工作的首要任务是贯彻落实中央决策部署、回应社会各界各方关切。2020 年 4 月 21 日,最高人民法院印发《关于全面加强知识产权司法保护的意见》,明确了进入新发展阶段后中国知识产权保护司法政策的主基调。这份纲领性文件不仅针对各类知识产权案件特点提出了在今后审判工作中应精准理解和适用法律、完善相关规则妥善解决纠纷、切实维护权利人合法权益的重点内容,还提纲挈领地提出了增强司法保护实际效果、提高司法保护整体效能、加强沟通协调和审判基础建设等方面的具体要求。2020 年下半年,随着疫情的缓解和社会经济生活的复苏,知识产权保护工作也全面提速。为了配合民法典、专利法、著作权法、刑法修正案等基础性法律的通过或修改,全面清理、完善知识产权司法解释和司法政策,增强法律实施效果,最高人民法院紧锣密鼓地出台了涉及商业秘密保护、专利授权确权、网络知识产权侵权、知识产权刑事保护、知识产权民事诉讼证据的 5 个司法解释和关于电商平台知识产权保护、加大知识产权侵权行为惩治力度、加强著作权和与著作权有关的权利保护的 3 个指导意见,以及 18 件依据 2020 年法律修改更新的司法解释和司法政策文件,[1] 为下一阶段加强中国知识产权司法保护夯实了基础。

---

〔1〕 参见法释〔2020〕19 号,《最高人民法院关于修改〈审理侵犯专利权纠纷案件应用法律若干问题的解释(二)〉等十八件司法解释的决定》,2020 年 12 月 23 日通过,自 2021 年 1 月 1 日起施行。

但是，由于时间匆忙，有些解释直接沿用10年前的条文，而立法已经修改，司法解释里引用的条文序号仍然是之前旧法的序号。另外，司法解释频频出台也是知识产权领域的突出特点，这固然与新技术带来的新问题首先直接由知识产权法官面对有关，而且较为典型地反映了近些年我国知识产权领域司法解释日益成为审判主要法律适用依据的现象。

尽管司法解释的制定和出台过程难以以立法的标准来要求，但作为我国各级法院案件审理中的普适性法律规范，其条文的形成至少应当经过一定范围的讨论，以免出现条文引用错误之类的硬伤。司法解释具有普遍的司法效力，在一定程度上，发挥了与法律类似的普适性规范性作用，成为各级法官、法学界与实务界人士必须掌握和熟悉的内容。对于长期以来司法解释存在的问题，[1]应予以重视和解决。

2. 审判机制和审判质效方面

2020年，知识产权审判机制改革的制度优势进一步发挥。承担统一技术类知识产权案件裁判标准等职责的最高人民法院知识产权法庭自成立以来审理了一系列标杆性案件，于2020年12月底发布了7个典型案例，涉及专利无效、侵权损害赔偿额的计算、职务发明奖励、证据保全、反向行为保全以及国际平行诉讼禁诉令颁发规则等重要议题，对严格保护知识产权、激励科技创新表明了立场，也对从源头遏制侵权、制裁故意侵权、精细化计算赔偿额以及维护公平有序的市场竞争秩序给出了指引。2020年年底，海南自由贸易港知识产权法院成立，其与北上广3个知识产权法院和全国其他22个地方法院知识产权法庭以及他们的统一上诉机构——最高人民法院知识产权法庭，初步形成了中国"1+4+22"的知识产权专业化审判格局，为进一步统一中国知识产权司法保护规则发挥了示范作用。知识产权专门法院的

---

〔1〕 关于司法解释的作用及存在的问题，参见周道鸾：《论司法解释及其规范化》，载《中国法学》1994年第1期。

设立因受立法权限制而开展的相对谨慎，但各地知识产权法庭的设立仍然呈现扩张趋势，在省级范围内，另行设立技术类案件管辖权集中的专门法庭，其科学性和必要性仍有待商榷。

目前，中国已成为审理知识产权案件，尤其是专利案件最多的国家，也是知识产权案件审理周期最短的国家之一。当然，这些成绩也得益于中国法院多年来持续推进司法改革，将知识产权法律适用规则的完善与统一、提升司法审判质效、为全面依法严格保护知识产权提供有力司法保障，纳入服务创新型国家建设、推进国家治理体系和治理能力现代化的大局的决策。特别是数字信息技术在立案登记、多元解纷、司法公开、智慧法院建设等方面的广泛运用，给司法改革带来了红利。这也同样体现在中国知识产权审判领域，各地法院积极运用技术手段辅助履行司法职能，提高知识产权审判质量和效率。另外，无论是在涉外知识产权案件的国际司法管辖权方面打造“优选地”，还是在国内各地法院之间形成的对案件审理权和新类型案件裁判规则话语权的隐形竞争，以及这些可能受其他非法律因素影响给司法裁判带来的利弊，都需要通过更长期的效果来观察和评判。面对新问题，认识的偏差在所难免，因此，最高人民法院应当尽快建立法律适用分歧解决机制。

二、知识产权案例概述

根据最高人民法院发布的信息，2020 年全国法院新收一审、二审、申请再审等各类知识产权案件 525, 618 件，审结 524, 387 件；仅审理技术类上诉案件的最高人民法院知识产权法庭，2020 年就审结 2787 件，比 2019 年增长近 95%。[1]

---

〔1〕 参见最高人民法院知识产权宣传周新闻发布会，载中国法院网络电视台网 2021 年 4 月 22 日，https://tv. chinacourt. org/55107. html。

（一）典型案例筛选指标和评述目的说明

本书筛选案例的主要指标是其在学理上的典型意义和探讨价值。因此，尽管在每年各地各法院的“世界知识产权日”宣传报道，各类官方、民间举办的代表性案例和裁判文书评选等活动中，均有大量各具特色的案例推出，但某些社会影响大的案例本书未予收录。例如，判赔额超高但仅涉及损害赔偿计算方式等个案操作性，而在学术理论上普遍指导意义不强的案件，或审判流程改革、一事不再理原则适用等不反映知识产权法律规则本身及其理解适用存在争议的案件。司法部门总结了近年来中国知识产权案件出现的一些新特点：一是涉核心技术和重点领域的案件日渐增加；二是涉案知识产权市场价值及相应的诉讼标的额大幅提高；三是国内与国外诉讼交织越来越密切。[1] 本书在筛选案例时，尽管这些新的案件特点更容易引起社会各界关注，但本书编委会首先考虑的仍是判决是否体现了知识产权法相应领域的学术论点，或其在规则适用与阐释方面的新意，以及是否反映了值得进一步研究探讨以便达成共识的争议或分歧。当然，基于此定位，兼具社会各界关注度和学理价值，或在裁判说理方面具有规则明晰价值的典型案例必然是本书筛选对象。另外，考虑近些年有些类似的案例在法律规则的理解与适用、事实与证据的采信、裁判说理依据等方面尚有认识分歧，本书特将论点相同或相似的案例甄选出来加以评述，以期推动学界和实务界进一步研究探讨。

知识产权法各分支领域的学理论点众多，其中，有很多重要论点在历年来积累的案例中已有体现，而在2020年却不一定能找到很合适的典型案例。考虑本书并非为了对整个知识产权法学科进行全面的学术理论配套案例梳理，而是为了对中国知识产权年度审判质效进行连续性跟踪观察与研究，编

---

〔1〕 参见贺荣：《努力开创知识产权司法保护新局面》，载人民网，http://cpc.people.com.cn/n1/2021/0309/c64387-32046868.html。

委会最终选取了全国法院2020年作出的24个专利领域的生效判决或裁定。虽有个别案例的裁判时间在2019年年底,但考虑类案比较的需要,也将其纳入2020年典型案例的筛选范围。

需要说明的是,本书筛选年度案例的主要目的是引起各界对相关问题的进一步研究探讨,每个案例的评述意见仅代表撰写人的观点,不代表编委会全体成员的意见。特别是,本书所选的案例中,较多是一审、二审、再审几轮审判结果不同,或者不同地方法院对类似案件作出了不同判决的情况,说明司法审判过程中对案例体现的理论问题认识和法律适用标准存在争议。对这些争议问题进行深入探讨,推动理论界和实务界达成更多共识,也是本书期待实现的。

(二)专利领域2020年度典型案例论点精要

最高人民法院知识产权法庭成立两年来,为有效保护科技创新、维护创新企业正当权益,运用集中管辖专利等技术类知识产权上诉案件的优势,在统一裁判标准、提高审判质效、发挥标杆性判决示范作用、建立完善多元化技术事实查明机制等方面取得显著成效。正因为最高人民法院知识产权法庭管辖全国技术类知识产权案件的上诉,本书筛选的2020年专利领域的生效二审判决都是其作出的;仅有1个不属于技术类知识产权专属管辖的外观设计专利侵权案件,1个涉及多方参与实施的网络通信领域专利侵权案件,1个涉及标准必要专利跨国平行诉讼案件颁发禁诉令的案件不是该法庭作出的。专利领域入选的24个案件包含若干学理论点,重点介绍如下:

1. 权利归属争议

职务发明是我国专利法中的重要制度。在实践中,是否属于履行本职工作、主要利用单位物质条件及临时工作的性质等涉及相关权属利益划分的具体问题易产生争议。本书所选案例即涉及劳动关系、工作关系与一般合作关系的判定标准。

作为创新成果,技术方案的保护方式主要包括申请专利获得公开保护和采取保密措施以商业秘密方式进行保护两种。未经所有人许可将其未公开的技术秘密申请专利的,其实质是一种侵权行为;不过,因申请专利是“公开换保护”的方式,将公开申请专利的权利和随后获得的专利权归属于技术成果所有人不失为一种有效的弥补方式。

专利申请权或专利权权属争议的解决通常耗费时日。在此过程中,若申请人或权利人因自己怠于推进专利授权程序,或疏于有效管理和维持已获授权的专利,最终导致无法获得授权或者丧失权利,损害真正权利人合法权益的,责令其对此造成的损失承担相应的赔偿责任是公平合理的。

2. 侵权主张、抗辩及保全

在专利侵权诉讼中,“不为生产经营目的而使用”不时成为不侵权的抗辩理由。如果简单地根据实施主体的机构性质判定,那么政府机关、事业单位、公益机构等参与市场活动,损害专利权人市场利益的行为,可能被认为没有生产经营目的从而不构成侵权。对此,根据主体所从事的行为之性质而非机构本身的性质进行判定比较符合实际,有利于切实保护权利人利益。

在专利技术方案的实施涉及多方参与的情形下,依据传统的全面覆盖原则,难以推定某一个参与人构成专利侵权,因为并没有一个单独主体全部完成了专利法所说的“使用”行为。从技术发展的趋势看,网络通信领域的技术方案往往表现为多主体分别实施;在法律适用中,严格狭隘解释“使用”行为及其主体,将使此类专利的保护沦为摆设。最高人民法院知识产权法庭在“腾达”案中确定了“固化 + 不可替代实质性作用”裁判规则,对今后此类争议解决提供了示范指引,有助于有效化解纠纷,如本书筛选的无线云AP案经一审判决后即生效。

现有技术抗辩是我国专利侵权诉讼中被告最常用的抗辩事由之一,该抗辩有一定争议的问题是,其仅适用于相同侵权情形,还是在等同侵权情况下也适用？本书所选案例阐明，被诉侵权技术方案的某一技术特征与现有技术方案中的相应技术特征构成本领域可直接置换的惯用手段的，可以认定二者属于2009年司法解释所规定的“无实质性差异”。这一判断实际上承认了在等同原则下也适用现有技术抗辩，在一定程度上包含了对专利权创造性的间接判断。司法实践中对明显拼凑现有技术的专利之侵权主张不予支持，其直接效果是节约诉讼成本和提高审判质效，间接效应是促进专利审查质量的提高。

确认不侵权之诉是知识产权领域一种重要的诉讼类型，其目的在于给予原告先行请求法院确认其行为的合法性，以便从被告的侵权警告威胁中解脱出来，避免正常的经营活动受到干扰或阻断。从实践中看，专利、商标领域的确认不侵权之诉可能与权利无效程序存在交叉。本书选择的案例认为，专利权无效宣告请求的审查决定并非一经作出即发生确定的法律效力，在无效程序终结之前专利权仍属有效，法院应依法受理确认不侵权之诉。

民事诉讼中的保全制度设置目的是保障程序的推进和判决的执行，具体方式包括证据保全、财产保全和行为保全。法院裁定颁发的临时保全措施一般称为“禁令”。由于知识产权的无形性，临时禁令特别是行为保全禁令可以在紧急情况下对行为人起到立竿见影的限制效果，对于申请人来说这一救济有时比事后的侵权索赔更重要。行为保全禁令可直接限制行为人经营活动，若被滥用显然会严重损害相对方的利益。我国的知识产权行为保全司法解释对禁令适用条件作了规定，但在实践中，因胜诉可能性、难以弥补的损害、解除禁令的条件、申请错误及其责任等具体问题的判定标准并不清晰，法院对禁令适用持比较审慎的态度。近年来，随着知识产权保护力度的加大和经营者法律意识及运用技能的提高，禁令制度的“撒手锏”作用备受关注。特别是国际经贸关系的紧张和国际知识产权规则话语权的争抢,导致各国格外重视对科技领域纠纷的司法管辖权,在标准必要专利纠纷中积极运用禁令制度保障国内诉讼和判决的执行。但是,涉外禁诉令的颁发是整个涉外法治建设的重要且敏感的内容,需格外严谨和慎重。究竟怎样把握禁令制度实施尺度,才能做到不偏不倚并取得良好的社会效果,既有利于保护我国当事人的合法权益和维护国家司法主权,也无损中国知识产权保护专业性和公信力的国际形象,是值得进一步研究的议题。在涉及SEP跨国平行诉讼的华为与康文森案中,最高人民法院知识产权法庭对禁诉令的发放条件给予了详尽的论述,明确了“禁诉令”性质的行为保全考量因素。该案的禁诉令实际上是有针对性的“禁执令”,即不得执行德国法院的一审判决;禁令充分考虑了在本国诉讼中一审已作出确认不侵权判决、申请人有胜诉可能性、不颁发禁令难以保障本案判决最终执行的紧急性,以及公共利益和国际礼让等因素,理由充分,符合惯例。

我国电子商务法中明确了平台承担知识产权侵权帮助侵权责任的条件,但专利案件相对复杂,平台对侵权行为是否“知道或应当知道”更不易判断。近年来,法院尝试适用反向行为保全,并将其写入相关司法解释,受理被诉侵权人提出的行为保全申请,裁定责令平台经营者取消依据权利人通知采取的删除、屏蔽、断开链接、终止交易和服务等措施。在电商平台经营者不时受到权利人滥用“通知—删除”机制困扰的情形下,此举可以平衡双方利益,使申请人避免市场竞争优势受损或者商业机会丧失造成难以弥补的损害。

3. 专利行政案件

由于专利行政案件通常涉及复杂的技术问题,历来是专利研究中的难点。本书所选案例涉及权利要求能否得到说明书支持的判断、公知常识性证据的认定、现有设计或现有技术的认定、区别技术特征认定中对发明构思的考量、“问题的提出”在创造性判断中的考量、无效程序中修改权利要求的方式及其可否接受的评价标准、最接近的现有技术明确排除区别技术特征的技术方案具有创造性，以及外观设计的近似判定等 2020 年较有代表性的论点主题。

目　录

专利侵权救济 59

专利行政案件 107

集成电路布图设计纠纷案件 159

专利权主体

001

职务发明权属争议中对临时工作单位的认定 / 顾昕

无锡乐尔科技有限公司、白某某与江苏多维科技有限公司专利权权属纠纷案 / **最高人民法院民事判决书，(2020)最高法知民终 1258 号**

事实概要

江苏多维科技有限公司（一审原告、二审被上诉人，以下简称 X）向江苏省苏州市中级人民法院提起诉讼，主张涉案专利是发明人白某某（一审被告、二审上诉人，以下简称 Y2）在其公司任职期间研发完成的职务发明创造，与无锡乐尔科技有限公司（一审被告、二审上诉人，以下简称 Y1）无关，请求法院确认诉争专利归其所有。一审法院经审理后认为，Y2 在研发期间实际任职于 X，与 X 形成了事实上的劳动关系，诉争专利属于 Y2 与 X 劳动关系终止后一年内作出的与本单位工作相关的发明创造，为职务发明创造。法院因此支持了 X 的请求，判决涉案专利归 X 所有。

Y1 和发明人 Y2 不服一审判决，[1] 向最高人民法院提起上诉，请求法院确认诉争专利归其所有。Y1 和发明人 Y2 在上诉理由中提出：Y2 不属于 X 的员工，且涉案专利与 X 的技术也不存在相关性，涉案专利是在完成别的项目中产生，与 X 无关。

---

〔1〕 参见江苏省苏州市中级人民法院民事判决书，(2019)苏 05 知初 506 号。

判决要旨

最高人民法院对原审判决予以改判。

对于如何判断诉争专利是否属于职务发明，最高人民法院提示了两点注意规则：第一，判断发明人与单位之间是否存在职务发明所要求的劳动关系或者临时工作关系，其关键在于单位对发明人的创造性劳动是否已取得了支配权。如果单位与发明人之间仅仅是一般合作关系，发明人并未让渡自己的劳动支配权，就没有理由将不属于单位支配的劳动所创造出的技术成果归属于单位所有。第二，判断发明人与单位之间工作关系的性质，应当遵循约定优先的原则，只有在没有约定的情况下，才需要根据双方所实施的实际行为和结果进行综合判断。

具体到本案中，法院认为：发明人 Y2 与 X 之间，无论 Y2 是以兰州大学联系人身份签订的《技术开发（委托）合同》，还是以个人身份签订的《咨询服务合同》，或者从双方实际实施的行为来看，均不足以认定两者之间存在职务发明意义上的劳动关系或者临时工作关系。在此情况下，认定两者之间工作关系的性质应当遵循约定优先的原则，而根据两者的约定，也并不存在职务发明所要求的劳动关系或者临时工作关系。法院还指出，原审法院忽略双方事先约定的工作关系，直接根据双方工作接触和交流期间各自实施的实际行为来认定双方存在事实上的劳动关系，进而认定诉争专利属于 X 职务发明的做法有所不当。因此，法院最终对原审判决予以改判，判定涉案专利权与 X 无关，驳回 X 的全部诉讼请求。

评　析

一、判决思路和意义

我国《专利法》第 6 条规定，执行本单位任务的发明创造属于职务发明，而“本单位”概念的范围有多大，在实践中存在不同的理解。2001 年修改《专利法实施细则》时增加了“专利法第六条所称本单位,包括临时工作单位”的表述。其立法考量在于“借调人员、实习人员、兼职人员的编制和工资关系有可能仍在原单位,但在工作任务上受借入单位、聘用单位、实习单位的支配,所以实践中在执行借入单位、聘用单位、实习单位分配的任务或者主要利用其物质技术条件完成发明创造的情况下,这些单位也属于‘本单位’”。[1] 这一调整也增加了认定职务发明时的单位范围,在实践中如何区分临时雇佣关系和委托开发之间的关系,是一个非常棘手的问题。[2]

本案法院在判决中将对“发明人与单位之间存在劳动关系或临时工作关系”的判断作为适用《专利法》第6条职务发明规定的前提条件。在此基础上明确提出判断是否存在“临时工作关系”的关键在于:第一,单位对发明人的创造性劳动是否已取得支配权。如果仅仅是一般合作关系的,意味着发明人没有让渡劳动支配权,不属于临时工作关系。第二,如果发明人与单位之间有约定的,遵循约定优先的原则。这两条就是本案法院提出判断是否存在“临时工作关系”的两条基本原则。之后法院将这两条原则适用到本案的具体案情中,并得出发明人与单位之间不属于“临时工作关系”的最终结论。

在本案中,明确提出职务发明案件中判断发明人与单位之间是否具有“临时工作关系”的两条原则,是本案最重要的理论创新,并对后续类似案件相关问题的审理上,具有重要的借鉴意义。

二、以往司法实践

在以往的司法实践中,对于“执行本单位任务”职务发明归属的判断,往

---

〔1〕 尹新天:《中国专利法详解(缩编版)》,知识产权出版社2012年版,第54页。

〔2〕 参见崔国斌:《专利法:原理与案例》(第2版),北京大学出版社2016年版,第492页。

往集中在诉争专利与本职工作或单位分配的任务是否具有“关联性”上，[1]而对于是否具有“临时工作关系”或者是否属于“临时工作单位”这种前提性问题并没有过多纠结和关注，往往只要发明人在该单位实质参与了研发工作，就直接认定发明人与该单位之间具有“临时工作关系”。与本案所采取的严格判断手法相比，以往的判决立场可谓相对宽松。

譬如，在济南大学诉圣诺案[2]中，发明人是济南大学的正式在编教师，其在山东大学攻读博士学位的期间，接受山东大学的管理并执行山东大学分配的科研任务，该案法院认为对《专利法》第6条“本单位”概念的理解不能仅仅局限在存在正式劳动关系或人事关系的情形，发明人攻读博士期间所在的山东大学，同样也属于发明人的“临时工作单位”，属于专利法意义上的“本单位”。

而与本案的案情非常类似的是天津南开大学蓖麻工程科技有限公司诉张某案[3]，该案的发明人是南开大学化学系副教授，同样也是在公司兼职并参与了涉案专利技术的研发工作，该案法院基于发明人在公司兼职并参与研发工作的事实，就直接认定了该公司是其“临时工作单位”。然后再通过分析涉案专利技术与兼职公司承担的任务是否具有相关性，来判定是否属于兼职公司的职务发明。在该案中，涉案专利虽然与发明人完成兼职公司研发任务所采用的制备方法不同，但因为二者属于同一科研课题，属于相关联的发明创造。法院因此认定涉案专利发明与兼职公司的研发任务具有相关性，属于发明人执行“临时工作单位(即本单位)”任务所完成的发明创造。

---

[1] 参见顾昕：《“执行本单位任务”职务发明的判断——王春刚与特灵空调系统(中国)有限公司专利申请权权属纠纷案》，载《中国发明与专利》2018年第12期。

[2] 参见山东省高级人民法院民事判决书，(2010)鲁民三终字第236号。

[3] 参见天津市高级人民法院民事判决书，(2011)津高民三终字第26号。

三、对本案判断标准的评价

由上可见,在以往的司法案件中,法院认定“临时工作单位”的时候采取了相对宽松的标准,当发明人具有“兼职”“参与研发”等行为要素时,就认为二者之间具有“临时工作关系”。与之相对的,本案法院提出的“对创造性劳动是否取得支配权”和“约定优先”两个原则,通过对本案案情的适用结果可知,其通过的门槛远高于以往案例中所采用的标准。

抬高判断门槛带来的最明显的效果就是,今后发明人在兼职性质的工作中研发出来的专利技术,就很难再被认定属于职务发明成果了。以往这类案件的专利技术是否属于职务发明,往往通过考察发明人在兼职单位所承担任务与涉案专利是否具有关联性后再下定论。而采取本案相对高门槛的判断原则,在“前提问题”是否属于“临时工作单位”这一环就被否定了,自然也没有再进一步考察二者关联性的必要。

鉴于对“前提条件”采取过于严厉的判断标准,可能会失去接下来对“涉案专利与承担任务之间是否具有关联性”这一实质性问题进行考察和判断的机会。因此,建议未来法院在审理类似案件的过程中,即便适用本案提出的判断原则,还是应当在“入口”采用更为宽松的标准,令诉争专利技术是否属于职务发明的问题能够进入实质的判断阶段。

另外,本案法院提出的“对发明人的创造性劳动是否已取得支配权”原则,其中的“创造性劳动”“支配权”等概念也不是非常清晰和具有明确范围的概念,今后具体案件适用时可能需要进一步解释和明确。

002

离职一年内职务发明权利归属的判断 / 顾昕

广州万孚生物技术股份有限公司、杨某、赖某某与深圳市理邦精密仪器股份有限公司、王某某专利申请权权属纠纷案 / **最高人民法院民事判决书,(2019)最高法知民终 799 号**

事实概要

深圳市理邦精密仪器股份有限公司(一审原告、二审被上诉人,以下简称 X)主张涉案专利是其原职工发明人赖某某(一审原告、二审上诉人,以下简称 Y2)和杨某(一审原告、二审上诉人,以下简称 Y3)离职一年内作出的职务发明,其专利申请权并不属于两位发明人现在任职的广州万孚生物技术股份有限公司(一审被告、二审上诉人,以下简称 Y1),遂向广州知识产权法院提起诉讼,请求法院判决涉案发明创造申请权属于 X,同时确定涉案专利发明人为 Y2 和 Y3。一审法院经审理后认为,Y2 和 Y3 于离职 X 后一年内到 Y1 任职,从事与以前单位任职时的本职工作同类型的密切相关的工作。而职务发明创造的认定标准是相关性标准,只要能够证明涉案专利是与发明人在原单位处从事的本职工作或者原单位分配给发明人的任务有关即可,无须两者技术特征一一对应、等同或由于涉案专利申请具有创新性而否定相关性标准。一审法院支持了 X 的诉讼请求,判定涉案专利属于发明人 Y2 和 Y3 从 X 离职后一年内作出的与其在原单位承担的本职工作有关的职务发明创造,涉案专利的申请权属于 X。

Y1 等不服一审判决,[1]向最高人民法院提起上诉,请求撤销原审判决,驳回 X 的全部诉讼请求。其理由在于,涉案专利是执行本单位的任务并主要利用单位的物质技术条件完成的,按照《最高人民法院关于审理技术合同纠纷案件适用法律若干问题的解释》(法释〔2020〕19 号,以下简称《技术合同司法解释》)第 5 条的规定,涉案专利既执行原单位的工作任务,又主要利用了现单位的物质技术条件,Y1 也有权享有涉案发明创造的部分权益。并且提出 Y2 和 Y3 并不是涉案专利的发明人,对涉案专利作出实质贡献的另有其人。

判决要旨

最高人民法院驳回上诉,维持原判。

在判断涉案专利归属是否应当适用《专利法实施细则》第 12 条第 1 款规定的焦点问题上,最高人民法院认为:《专利法》第 6 条第 1 款是规范专利是职务发明还是非职务发明的条款,用于解决单位员工和单位之间因专利权属发生争议的情况;而《专利法实施细则》第 12 条第 1 款则是对《专利法》第 6 条职务发明规定内容的进一步细化,用于解决员工任职的原单位和新单位之间因专利权归属发生争议的情况。在本案中,涉案专利是员工在原单位离职后一年内在新单位作出的,涉案专利权的争议发生在员工任职的原单位与新单位之间,应当适用《专利法实施细则》第 12 条第 1 款的规定来确定涉案专利权的归属,在此情况下,无须再审查涉案专利是否属于《专利法》第 6 条规定的执行新单位的工作任务或利用其物质技术条件的要素。

至于上诉人所主张的应该适用《技术合同司法解释》第 5 条规定的意见,法院认为:该条是针对个人既执行原单位的工作任务又主要利用新单位的物质技术条件完成技术成果的情形,即针对员工在原单位和新单位的正

---

〔1〕 参见广州知识产权法院民事判决书,(2017)粤 73 民初 4401 号。

常人才流动中出现的纠纷，在明确发生争议时应当按照员工原单位和新单位达成的协议确认权益，对于不能达成协议的，根据对完成该项技术成果的贡献度大小由双方合理分享，该条体现的是对当事人意思自治的尊重和对相关权益的合理平衡，并不是本案的情形。

法院进而明确提出，确认涉案专利是否为职务发明应同时满足以下条件：一是研发专利的发明人曾是主张权利的原单位员工；二是该员工对专利的实质性特点作出了创造性贡献；三是该专利是员工离职后一年内作出的；四是该专利的内容与该员工在原单位承担的本职工作或者原单位分配的任务有关。鉴于本案的案情具备上述四个条件，法院判定涉案专利是 X 的职务发明，涉案专利申请权自然也属于 X。

法院最后特别强调，即便研发的专利也与该员工在新单位的本职工作或者分配任务有关，新单位也不能当然对此专利享有权利。具体到本案，即使涉案专利是由 Y1 组织研发或者主要利用了 Y1 的物质技术条件取得，同时涉案专利的研发思路和采用的技术手段与 X 已有专利技术方案或技术成果存在区别，亦不能得出涉案专利归属于 X 的结论。

评 析

一、典型意义

在实践中，单位员工跳槽到同行业的其他公司，一年之内作为发明人提交的专利申请，往往既与原单位本职工作或分配任务有关，也与新单位的本职任务或分配任务有关，这种情形非常常见。此时，专利申请的权利究竟是归原单位，还是归新单位所有呢？本案法院对这一实践中存在争议的问题给予了非常明确的回应，肯定了原单位在此情况下拥有专利权。

在人才流动频繁、市场竞争激烈的大背景下，最高人民法院在本案中对职务发明认定的问题上可谓采纳了更为偏向原公司利益的判罚尺度。[1]

二、以往司法实践

某研发人员离开原单位到另一单位就职后,主要利用新单位的技术物质条件从事与原单位相同的研发任务,并作出了与原单位交付的任务相关的发明创造。在此情形下,无论是原单位还是新单位,均可能主张是本单位的职务发明创造。[2]

本案法院提出,只需考虑该研发人员是否对专利的实质性特点作出了创造性贡献,至于该研发人员是否属于执行新单位的工作任务或利用了其物质技术条件所作出的贡献,则在所不问。与本案不同的是,在以往的学理和司法案件中,研发人员对新单位也作出了实质贡献的情况下,更倾向于采用平衡原单位和新单位利益关系的观点。如《技术合同司法解释》第 5 条就规定:个人完成的技术成果,属于执行原所在法人或者非法人组织的工作任务,又主要利用了现所在法人或者非法人组织的物质技术条件的,应当按照该自然人原所在和现所在法人或者非法人组织达成的协议确认权益;不能达成协议的,根据对完成该项技术成果的贡献大小由双方合理分享。

体现原单位和新单位利益平衡原则非常典型的例子,是 2019 年最高人民法院裁定的另一起案件,[3]该案法院认为:不宜将《专利法实施细则》第 12 条第 1 款规定的"有关的发明创造"作过于宽泛的解释,否则将导致法律没有明确规定或者没有竞业限制协议等合同约定的情况下,不适当地限制研发人员的正常流动,或者限制研发人员在新单位合法进行新的技术研发活动。判断涉案发明创造是否属于《专利法实施细则》规定的"有关的发明

---

〔1〕 参见王其文、初媛媛、任翊:《从科创板上市看职务发明合规问题》,载"知产力网"2021 年 4 月 1 日,http://zhichanli.com/app/article/details/id/9790.html。

〔2〕 参见尹新天:《中国专利法详解(缩编版)》,知识产权出版社 2012 年版,第 55 页。

〔3〕 参见最高人民法院民事裁定书,(2019)最高法民申 6342 号。

创造”时，应注重维护原单位和新单位之间的利益平衡，需要考虑以下四点因素：一是离职员工在原单位承担的本职工作或原单位分配的任务的具体内容；二是涉案专利的具体情况，包括涉案专利与本职工作或原单位分配任务的相互关系；三是原单位是否开展了与涉案专利有关的技术研发活动，或者是否对有关技术具有合法的来源；四是权利人、发明人能否对于涉案专利的研发过程或者技术来源作出合理解释，包括权利人、发明人是否具有相应的知识、经验、技能或物质技术条件，是否有证据证明其开展了有关研发活动等。具体到该案中，涉案专利涉及技术方案复杂、研发难度大等问题，而涉案专利唯一的发明人，在离职原单位后不到3个月即以个人名义单独申请涉案专利，且不能对技术研发过程或者技术来源做出合理说明，本案法院认定涉案专利属于员工原单位工作期间的职务发明。

如前所述，本案法院采取的判断标准仅需要考虑涉案发明与原单位任务的关联性，而无须考虑新单位的物质技术条件或研发任务对涉案专利的关联；而在以往的司法判决中存在与之不同的判断标准，该标准则强调要平衡原单位和新单位之间的利益关系，需要考虑新单位对涉案专利的贡献。在利益平衡的判断标准下，只有现单位不能举证证明涉案专利系发明人在本单位完成的情况下，法院才能基于涉案专利与发明人原单位的职务的关联性，判定其属于原单位的职务发明创造。[1] 在两种不同的判断标准下，前者专利权归属原单位；适用后者标准的结果可能是由原单位和新单位共享权利。

对于员工离职一年内做出的职务发明归属的判断问题，以往司法实践中还存在以下情形：(1)员工在离职后一年内完成的发明创造，不属于承担原单位的本职工作或完成原单位分配的任务，如果不存在这一前提的话，法

---

〔1〕 参见上海市高级人民法院民事判决书，(2012)沪高民三(知)终字第21号。

院认定该专利不属于原单位的职务发明。[1] (2)员工在原单位承担的工作和任务即便属于“兼职”的性质,对离职后一年内职务发明权利归原单位的最终判断也没有影响。[2]

[1] 参见北京市第二中级人民法院民事判决书,(2012)二中民初第01808号。
[2] 参见天津市高级人民法院民事判决书,(2011)津高民三终字第26号。

003

专利权权属争议期间不履行善良管理义务的损害赔偿责任 / 顾昕

中国水产科学研究院南海水产研究所、广州宇景水产科技有限公司与广州德港水产设备科技有限公司、姜某某、李某某、颉某某、广州创领水产科技有限公司财产损害赔偿纠纷案／**最高人民法院民事判决书，(2019)最高法知民终424号**

事实概要

广州德港水产设备科技有限公司(一审原告、二审被上诉人,以下简称X)是涉案专利技术的相关权益人,其前员工姜某某(一审被告,以下简称A)将在X工作期间研发出的职务发明带到中国水产科学研究院南海水产研究所、广州宇景水产科技有限公司(一审被告、二审上诉人,以下简称Y),Y以自己的名义申请了涉案专利,并于2012年5月30日获得授权,但涉案专利因未及时缴费而于2012年9月28日被终止。X向广州知识产权法院提起诉讼,请求Y等赔偿因为没有及时缴纳专利年费而导致涉案专利终止给X造成的经济损失和合理维权费用。一审法院经审理后认为,Y基于诚实信用原则负有维持涉案专利有效的善良管理职责,Y既未按时缴纳涉案专利年费,也未将不缴纳涉案专利年费致使涉案专利终止的情况及时告知X和审理法院,最终导致涉案专利终止,侵犯了X应享有的涉案专利技术的相关权益,并需承担相应的赔偿责任。

Y不服一审判决,[1]向最高人民法院提起上诉。对于是否应承担赔偿

〔1〕 参见广州知识产权法院民事判决书,(2016)粤73民初803号。

责任的问题,Y 认为,其拥有涉案发明的专利权,有权终止缴费,况且在决定是否终止缴费时也不存在恶意,不应该对 X 负有赔偿责任。并且认为,X 可以在当时起诉的案件中对涉案专利技术提出诉讼保全的情况下没有申请保全措施;在涉案专利终止后,也没有要求恢复专利,说明 X 没有穷尽救济手段,自身也存在过错。

判决要旨

最高人民法院驳回上诉,维持原判。

第一,在本案性质的认定上,最高人民法院将一审法院认定的侵害发明专利权纠纷改为财产损害赔偿纠纷。最高人民法院认为:登记注册的专利权人并不是真正的专利技术所有人的情况下,如果登记的专利权人故意不缴纳专利年费而导致专利权终止失效,给专利技术所有人造成经济损失的,那么该损失实际上是与该专利技术相关的财产损失。这种故意不缴纳专利年费导致专利权终止失效的行为属于一般侵权行为,可以确定为财产损害赔偿纠纷。

具体到本案中,X 主张,Y 将本应归其所有的职务发明申请专利,之后却故意不缴纳专利年费导致专利权终止失效,致使该技术进入公有领域,失去了专利权的保护,损害了其本应该基于专利获得的市场独占利益,法院认为,X 主张的侵权行为不是侵害专利权的行为,其主张的经济损失实际上是与该专利技术有关的财产损失,故本案应当属于财产损害赔偿纠纷,而非侵害发明专利权纠纷。

第二,关于 Y 是否应当对涉案专利权终止失效承担赔偿责任的问题。法院认为:当事人无论基于何种原因对专利申请权、专利权权属发生争议,根据诚实信用原则,登记的专利权人通常应当负有使已经获得授权的专利权维持有效的善良管理责任,包括持续缴纳专利年费等。因为专利权一旦终止失效,专利技术在通常情况下即会进入公有领域,从而使专利技术所有人丧失市场独占利益，损害专利技术所有人的合法权益。登记的专利权人未尽到该善良管理责任，给专利技术所有人造成损失的，应当负有赔偿责任。

具体到本案中，X已经两次以专利申请权权属纠纷为由起诉Y，特别是第二次诉讼正在进行的情况下，Y作为登记的专利权人，应当负有在涉案专利授权以后维持其持续有效的善良管理的责任，其中就包括持续缴纳专利年费，以避免可能给X造成损害。但在本案中，Y却未缴纳专利年费，导致涉案专利权被终止失效，侵害了X的合法权益，在这个过程中，显然Y违背了诚实信用原则，并未尽到善良管理的责任。在另外的案件中，涉案发明被终审判决认定为应该归属X的职务发明，所以，Y在明知涉案发明不属于自身的情况下，不缴纳专利年费的行为使涉案专利权终止失效，存在损害X合法权益的故意，主观过错明显。而涉案专利技术失去了专利权的保护，最终损害的不是Y自身的权利，而是X的合法利益，致使X丧失了基于该技术的市场独占利益。综上，法院认为Y违背诚实信用原则，侵害了X对涉案专利权本应享有的合法权益，主观过错严重，应当赔偿X受到的经济损失。

第三，关于Y是否存在减轻责任的问题。法院指出，X两次提起专利申请权权属纠纷诉讼时，既没有申请法院对专利申请采取诉讼保全，也没有向国家知识产权局申请中止程序，可以认定其没有积极采取必要的措施，也具有一定的过失，可以根据原《侵权责任法》第26条的规定适当减轻Y的侵权责任。不过，本案中导致涉案专利权终止失效的直接原因是Y主观过错严重的侵权行为，故Y仍应当承担主要侵权责任。

第四，在适用法律的问题上，法院认为：X所受损失是因Y未缴纳专利年费致使专利权终止失效给其造成的财产损失，该种损失不同于《专利法》第65条（2020年《专利法》修改后为第71条）所规定的侵害专利权给权利人造成的损失，因为本案侵权行为导致的后果是专利权灭失，专利技术被迫进入了公有领域,权利人从而丧失了市场独占利益,而侵害专利权行为的后果是行为人给权利人造成了专利权存续期间的利益损失,但专利权本身并未消灭。因此,法院认为,确定本案赔偿数额应当依据原《侵权责任法》的相关规定,而不能适用《专利法》的规定。

评 析

一、典型意义

在传统的职务发明案件中,技术权益人往往是基于自身发明人的身份,向怠于履行职务发明奖酬义务的专利权人主张获取奖励和报酬的权利。在比较极端的情况下,作为专利权人的单位为了逃避向发明人支付奖励和报酬义务,甚至出现主动放弃或者“放任”专利被无效的现象。[1] 在此情况下,依据《专利法》第47条的规定,在专利权被宣告无效的过程中如果专利权权人的前述行为属于“因专利权人的恶意给他人造成的损失,应当给予赔偿”。

但本案的特殊之处就在于,因未缴费而终止专利的情况不属于前述宣告无效的类型,同时真正的权益人也因为超过时限无法恢复专利权的效力,这就很难依据《专利法》的相关规定主张赔偿或恢复权利。在此情况下,本案法院基于民法的诚实信用原则提出,处于权属争议中的专利权人应当负有维持专利权有效的善良管理责任,如果没有履行善良管理义务并给技术权利人造成损失的,需要承担损害赔偿责任。

二、以往司法实践

在以往的司法实践中,对于专利权人能否主动令专利权归于无效的问题,各地法院的判决基本都表达了尊重专利权人的态度,体现了专利权人行

[1] 参见顾昕:《专利被宣告无效后的报酬支付——翁立克诉上海浦东伊维燃油喷射有限公司、上海柴油机股份有限公司职务发明设计人报酬纠纷案》,载《中国发明与专利》2018年第8期。

使处分权优先的原则，即专利法规定的发明人报酬应当在专利有效期内支付。无论专利因何种原因归于无效，原专利权人都无义务再向职务发明人支付报酬。[1]

在各地法院的判决中，虽然有一审法院提出“专利权人在诉讼过程中放弃涉案专利的行为，不能影响发明人应当获得的法定报酬”[2]的观点，但二审法院随即推翻了一审法院的观点，认为发明人只能“在专利权有效期限内方可提取实施专利的报酬”，专利权一旦失效之后，“无论专利权人是否仍然依照该技术生产产品，发明人都不再享有获得报酬的权利”。[3] 更多的法院即便在专利权人存在“放任”专利被宣告无效嫌疑的情况下，仍然认定“支付职务发明报酬的期间以专利存续期间为准，不能延长至专利未被无效前的自然届满期限”。[4]

法院长期采取上述观点的原因在于，专利权人放任专利被无效或主动放弃专利的处分行为即便影响了发明人获得报酬的权利，发明人也不能因报酬获偿权受损而反对专利权人的处分行为。在唐某某案[5]中，法院指出：“涉及专利权的放弃、终止、无效纠纷的处理，系专利权人对其知识产权所享有的处分权问题，发明人对该专利所享有的权利限于法律规定的获得奖励和报酬的权利，除非双方另有约定，发明人无权就专利权的处分对专利权人及其他专利权共有人提出任何要求或施加干涉和影响。”

由以上案件可以看出，法院的态度体现了专利权人处分权优先的原则，但并不意味着发明人对专利权人恶意放弃专利的行为一筹莫展，在专利权人恶意宣告无效时可以依据《专利法》第 47 条第 1 款的规定主张专利权人

---

〔1〕 参见闫文军：《我国职务发明奖励报酬纠纷分析研究》，载国家知识产权局条法司编：《专利法研究(2009 年)》，知识产权出版社 2010 年版，第 75 页。

〔2〕 参见重庆市第一中级人民法院民事判决书，(2003)渝一中民初字第 443 号。

〔3〕 参见重庆市高级人民法院民事判决书，(2005)渝高法民终字第 9 号。

〔4〕 参见上海市高级人民法院民事判决书，(2008)沪高民三(知)终字第 23 号。

〔5〕 参见重庆市第一中级人民法院民事判决书，(2008)渝一中法民初字第 52 号。

的恶意而获得赔偿。在以往的案件中，发明人质疑点集中在专利权人处分行为具有恶意而应该无效上，从而遭到了法院的多次驳回，相应地，延长职务发明奖酬支付期间的诉求也一并遭到拒绝。但是，在专利权处分行为本身之外，发明人其实完全可以更多地基于专利权人处分行为的“恶意”而主张损害赔偿请求。

三、基于民法诚实信用原则确立的善良管理人责任

而在本案中，就是非常典型的真正的权益人基于专利权人的“恶意”处分行为而主张损害赔偿的案件。与以往案件有所不同的是，本案真正的技术权益人既不是专利权人也不是发明人，一方面，其专利权很难恢复，涉案专利权于2012年9月终止失效，而能够证明涉案专利技术属于真正权益人的职务发明的终审判决在2015年6月才作出，因此无法在规定的两年时间内(《专利法实施细则》第6条)申请恢复专利权；另一方面，很难利用《专利法》的相关规定，《专利法》第47条规定的是专利被宣告无效时专利权人的“恶意”行为给他人造成损失的可以请求赔偿，但对于专利权没有缴纳年费导致效力终止的“其他”类型的恶意处分行为，专利法中没有规定相应的条款。

在无法找到直接适用条款的情况下，法院基于上位法条款即民法上的诚实信用原则课以专利权人负担善良管理的责任，如本案中的专利权人在未尽到善良管理义务时，则要承担相应的损害赔偿责任。

四、本案的射程范围

在本案判决提示的判断原则下，“当事人无论基于何种原因对专利申请权、专利权权属发生争议时”，登记的专利权人都要承担善良管理责任。这就意味着专利技术的相关权益人在通过包括诉讼在内的各种争议解决手段

确定专利权的权属时，登记的专利权人有责任维持较高水准的善良管理义务，除了持续缴纳专利年费之外，应对他人提起的专利无效诉讼程序等事由也应当属于善良管理的范畴之内。另外，除了与本案当事人类似的专利技术相关权益人之外，发明人或者共有专利权人，在权属争议期间因为诸如登记的专利权人未缴纳年费等原因造成权利灭失却不能通过《专利法》的相关规定寻求损害赔偿救济时，同样也应该可以适用本案法院提出的上述判断规则。

值得留意的是，2020 年《专利法》增加了第 20 条"申请专利和行使专利权应当遵循诚实信用原则。不得滥用专利权损害公共利益或者他人合法权益"的条款，对于《专利法》修改生效后发生的类似案件，能否适用《专利法》中新增加的诚实信用条款并起到实质相同的作用，有待在今后的司法实践中进一步论证。

专利侵权的主张和抗辩

004

专利侵权中"为生产经营目的"的判断规则 / 闫文军

焦某与中国农业科学院饲料研究所、北京市大兴区农业农村局侵害发明专利权纠纷案 / **最高人民法院民事判决书,(2020)最高法知民终831号**

事实概要

中国农业科学院饲料研究所(一审被告、二审被上诉人,以下简称Y1)、北京市大兴区农业农村局(一审被告、二审被上诉人,以下简称Y2)未经专利权人焦某(一审原告、二审上诉人,以下简称X)许可,共同实施了"一种增乳壮牛中药饲料添加剂及制备方法"专利奶牛中草药饲料添加剂的研发与示范项目,并生产出了奶牛天然物饲料添加剂等饲料添加剂产品,并向大兴区农民推广。X向原审法院提起诉讼。原审法院认为,从法人属性上来看,Y1属于事业单位,Y2属政府机关,其二者均不具备生产经营的资质。且Y1、Y2的目的在于对奶牛饲料添加剂的研发与示范,并非以生产经营为目的,因此Y1、Y2并未侵权。本案上诉至最高人民法院。

判决要旨

最高人民法院撤销一审判决,Y1、Y2构成专利侵权。

《专利法》将"为生产经营目的"作为专利侵权构成的要件之一,系出于合理平衡专利权人和社会公众利益之目的。在专利侵权判定时,对"为生产经营目的"的理解,应着眼于具体的被诉侵权行为,综合考虑该行为是否属于参与市场活动、是否影响专利权人市场利益等因素综合判断,既不能将"为生产经营目的"简单等同于"实际获利",又不能仅仅根据实施主体的性质认定其是否具有生产经营目的。即使政府机关、事业单位等主体具有公共服务、公益事业等属性，其自身不以生产经营为目的，但其实施了市场活动、损害了专利权人市场利益的，仍可认定具备“为生产经营目的”之要件。Y1、Y2 使用涉案专利产品和方法的行为不可避免地会侵占 X 涉案专利的潜在市场，损害专利权人的市场利益，故 Y1、Y2 的相关行为具备“为生产经营目的”之要件。因此，构成侵权。

评 析

一、判决思路和意义

本案两个被告一个是行政机关，一个是事业单位，都主张自己的行为不符合我国《专利法》中“为生产经营目的”的条件。最高人民法院并没有单纯以两单位的性质采纳其主张，而是基于被告的行为，考虑该行为是否属于参与市场活动、是否影响专利权人市场利益等因素综合判断，并最终认定两被告的行为符合“为生产经营目的”规定，构成专利侵权。该判决澄清了行政机关、事业单位“为生产经营目的”判断标准，即不能以单位性质直接认定其不具有生产经营目的，而是主要根据行为的性质及影响认定其是否具有生产经营目的。该判决确立的规则，对于认定行政机关、事业单位是否符合我国《专利法》中“为生产经营目的”要件具有指导意义。

二、国内外相关规定比较及学理解释

我国《专利法》第 11 条将“为生产经营目的”作为专利侵权的条件。从国际公约和其他国家专利法的规定看，我国的规定与其他国家有一定的区别。《与贸易有关的知识产权协定》第 28 条规定，专利权人有权阻止未得到专利权人同意的第三方制造、使用、出卖、销售、或为这些目的而进口被授予专利的产品。《美国专利法》第 271 条规定，任何人在美国境内，在专利期限

内,未经许可而制造、使用或出售取得专利权的发明时,即为侵害专利权。《英国专利法》第60条第5款、《法国知识产权法》第L.613-5条、《德国专利法》第11条均规定,未经专利权人许可而实施受专利权控制的行为,只有满足两方面的条件才能免责:一是以私人方式进行,二是非商业目的。

对于我国专利法中"为生产经营目的"的规定,我国有学者主张,仅为私人目的使用专利的行为并不构成专利侵权,〔1〕或非生产经营目的适用范围应当被限定为个人或家庭范围内的实施行为。〔2〕也有的学者主张立法者可以考虑放弃模糊的"生产经营目的"标准,按照"个人非商业"思路修订专利法。〔3〕

也有的学者认为,对于政府机关、社会团体和其他组织在公共服务、公益事业、慈善事业中实施专利的行为,是否属于为生产经营目的,需要具体案情具体分析,不可一概而论。〔4〕有的学者主张,单位主张非生产经营目的的免责抗辩,应仅限于纯粹为公共服务、公益事业和慈善事业等,且不能从中直接或间接获得任何经济利益。〔5〕

三、以往司法实践

对"为生产经营目的"进行解释的分歧点是,法人单位包括政府机关、事业单位能否以"非生产经营目的"为由主张不侵权。北京市高级人民法院《关于专利侵权判定若干问题的意见(试行)》(2001年)曾规定单位不能以"非经营目的"进行侵权抗辩。但其后于2013年和2017年制定的《专利侵

〔1〕参见王迁:《知识产权法教程》(第5版),中国人民大学出版社2016年版,第337页。

〔2〕参见丁文杰:《〈专利法〉中的"生产经营目的"要件及解释——莫文彩诉贵阳棋院等侵犯专利权纠纷上诉案》,载《中国发明与专利》2018年第12期。

〔3〕参见崔国斌:《专利法:原理与案例》(第2版),北京大学出版社2016年版,第547页。

〔4〕参见尹新天:《中国专利法详解》,知识产权出版社2011年版,第128页。

〔5〕参见祝建军:《专利纠纷中"非生产经营目的"免责抗辩成立的条件》,载《人民法院报》2014年7月23日,第7版。

权判定指南》已没有上述规定。

在司法实践中，对于企业以非“生产经营目的”的抗辩，法院一般不予采纳，如北京吉祥大厦有限公司等与北京英特莱摩根热陶瓷纺织有限公司侵犯发明专利权纠纷案。[1] 在事业单位、政府机关以非“为生产经营目的”进行抗辩的案件中，有些案件法院予以采纳，如燎原公司诉宝德公司、巴楚县建设局、恒源公司侵犯专利权纠纷案，[2]菲舍尔厂诉绿明公司、凯兴公司、山西博物院专利侵权纠纷案，[3]杨某某与成都市公安局、成都市公安局青羊区分局侵害实用新型专利权纠纷案。[4] 几个案件中法院观点基本一致，即事业单位、政府机关的行为为公益目的，非“为生产经营目的”。有些则不予采纳，如张某某诉济宁交警察支队专利侵权纠纷案、[5]万变窗墙公司诉普市移民开发局专利侵权纠纷案，[6]法院认为主体性质不能决定行为性质，事业法人、政府机关的行为不当然排除在“为生产经营目的”之外。

国际公约和其他国家的规定普遍以实施专利作为侵权的基础，以特定情形为例外，如英国、法国、德国以私人且非商业目的的实施作为例外。而我国以“为生产经营目的的实施专利”为基础，将其拆开解读可以理解为以实施专利为基础，以非生产经营目的为例外，二者存在一定的区别。我国《专利法》将“为生产经营目的”作为专利侵权的要件，是我国《专利法》中的特有规定。在解释“为生产经营目的”的含义时，应当考虑到我国规定与国际公约和其他国家的规定的差异。例如，在以单位为主体的案件中，单位能否以非生产经营目的进行抗辩的问题上，依据英国等国家或地区的法律，答案显

---

〔1〕 参见北京市高级人民法院民事判决书，(2011)高民终字第1174号。

〔2〕 参见江苏省南京市中级人民法院民事判决书，(2006)宁民三初字第125号。

〔3〕 参见上海市第二中级人民法院民事判决书，(2006)沪二中民五(知)初字第186号。

〔4〕 参见四川省高级人民法院民事判决书，(2014)川知民终字第27号；最高人民法院民事裁定书，(2015)民申字第609号。

〔5〕 参见山东省济南市中级人民法院民事判决书，(2002)济民三初字第39号。

〔6〕 参见云南省昆明市中级人民法院民事判决书，(2014)昆知民初字第164号。

而易见,因其不属于私人方式的范畴,所以不能以该理由抗辩。而我国《专利法》第11条的条文中明确规定"任何单位或个人……"因此,单位可以以该理由抗辩。

按我国《专利法》第11条的规定,企业也可以以非"生产经营目的"抗辩,但即使企业没有直接在生产经营中实施专利,也会间接关系到企业的生产经营。企业行为的目的即营利,或短期利益,或以提升知名度或商誉等为目的的长期利益。因此,企业实施专利的行为,都不能被认定为非"生产经营目的"。但是,对于政府机关、事业单位实施专利的行为,则需要具体分析。一方面,不能因为实施主体是行政机关、事业单位就认定其行为不具有生产经营目的。行政机关、事业单位虽具有公共利益的性质,但公共利益不等于非生产经营目的,公共利益也不是专利侵权的例外。另一方面,不管有没有实际获利,行政机关、事业单位只要从事了市场活动、损害了专利权人市场利益,则应当认定其具有生产经营目的。市场活动本来是企业以生产经营为目的的行为,但行政机关、事业单位有时也会从事市场活动。即使行政机关、事业单位没有获利经济利益,但这种行为的性质本身会影响专利权的市场利益。如果以其不具有生产经营目的而免责,则会损害市场秩序。在本案中,Y1和Y2通过政府提供资金资助、饲料研究所提供科技成果,形成"院区合作+示范基地+农户"的模式,生产出的奶牛天然物饲料添加剂产品已经在大兴区主要奶牛场、畜场进行了示范和推广。其行为虽然与公益目的有关,并且使农民获利,但与企业行为没有差别。如果按照一审法院的认定,专利权人的权益就得不到保护。因此,二审法院认定Y1、Y2具备"为生产经营目的"的要件,符合《专利法》的立法本意。

四、判决的价值参考

在本案中,最高人民法院认可了政府机关、事业单位可以以非"生产经营目的”进行专利侵权抗辩，但并不能因政府机关、事业单位的性质就可以采纳其抗辩。政府机关、事业单位实施专利的行为是否“为生产经营目的”，需要根据其行为的性质和对专利权人的影响进行分析。对于政府机关、事业单位的哪些行为属于非“生产经营目的”，则有待进一步明确。

005

专利法中方法专利“使用”主体的认定 / 闫文军

深圳敦骏科技有限公司与广州市虹联信息技术有限公司侵害发明专利权纠纷案 / 广州知识产权法院民事判决书,(2017)粤 73 民初 4323 号

事实概要

深圳敦骏科技有限公司(一审原告,以下简称 X)是“一种简易访问网络运营商门户网站的方法”发明专利的专利权人。该专利权利要求 1 的方法涉及门户业务用户、服务器、虚拟 Web 服务器等行为主体。X 购买了广州市虹联信息技术有限公司(一审被告,以下简称 Y)生产销售的无线云 AP,并向广州知识产权法院起诉,主张 Y 侵犯其权利要求 1。Y 提出抗辩的理由之一,是其产品中没有“虚拟的 Web 服务器”,不构成侵权。

判决要旨

广州知识产权法院认为 Y 构成侵权。

方法专利在实际应用中,往往都是以具体设备的形式出现的,网络通信领域方法专利多以软件形式安装在硬件设备中,由终端用户在使用设备时实现专利方法。在具备以下条件的情况下,应当认定侵权人制造、销售、许诺销售被诉侵权产品的行为直接构成专利侵权。(1)被诉侵权方法在被诉侵权产品的制造过程中得以固化,终端用户无须借助其他特殊装置或条件,即可实现专利方法。在本案中,终端用户购买被诉侵权产品后,只需在正常网络环境下,利用普通的具有上网功能的电脑,就能够完整地实施涉案专利方法。(2)被诉侵权产品在使用过程中实现专利方法所达到的功能,只能使用专利方法。本案被

诉侵权产品与普通路由器的区别就在于其需要实现 Portal 功能，而被诉侵权产品的 Portal 功能是使用涉案专利方法实现的，并无其他实现的途径。(3)专利方法与被告从制造、许诺销售、销售被诉侵权产品的行为中获得不当利益存在密切关联。涉案专利方法并非实现强制 Portal 功能的唯一方法，但 Y 制造并销售的被诉侵权产品却采用了涉案专利方法来实现强制 Portal 功能。Y 的侵权行为直接导致涉案专利权遭到侵犯，Y 因侵权行为获取了原本属于专利权人的利益，显失公平。应当认定 Y 制造、许诺销售、销售被诉侵权产品的行为构成专利侵权。

评 析

一、判决思路和意义

涉案专利为多主体实施的网络通信领域的方法技术成果。虽然被诉侵权产品是 Y 制造、销售的，但 Y 并非侵权技术方案的直接使用者。按照专利侵权判断的一般规则，对方法专利来说，只有被控侵权人实施了方法专利权利要求中的所有步骤，才能被认定构成直接侵权，仅是制造、销售实施方法专利的产品难以认定为侵害专利权的行为。本案秉承了最高人民法院知识产权法庭在深圳敦骏科技有限公司与深圳市吉祥腾达科技有限公司等侵犯专利权纠纷案（以下简称腾达案）[1]中确定的“固化 + 不可替代实质性作用”裁判规则，认定设备的生产者构成对方法专利的直接侵权。本案判决对于理解最高人民法院的裁判规则以及在具体判决中适用该规则具有参考意义。

二、多主体实施的方法专利的保护困境

根据我国《专利法》的规定，专利侵权行为之一是使用专利方法，又称实施专利方法，一般情况下是指按照专利权利要求书中描述的方法和步骤实

[1] 参见最高人民法院民事判决书，(2019)最高法知民终 147 号。

施的行为。在方法专利中，如果所有步骤都是一个主体实施的，比较容易作出侵权判断。但如果技术方案是多个主体实施的，没有任何一个主体单独实施了权利要求中的所有步骤，这时如何认定实施方法专利的主体就成了一个问题。如果不能确定直接侵权行为人，就无法适用间接侵权的规定。因为我国法院认定间接侵权需以直接侵犯专利权行为的存在为前提。[1] 如何保护这类专利就成了难题。

三、我国的相关理论和判决

从学者的观点和法院的判决看，对多主体实施的方法专利进行保护的观点主要有以下几种：

第一种是不以直接侵权为要件让行为人承担引诱侵权的责任。此种观点认为，如果行为人具有侵犯特定专利权的主观故意，而其行为致使专利权人民事权益受到损害，即应当承担侵权责任。[2]

第二种是不以直接侵权为要件让行为人承担帮助侵权的责任。在西安西电捷通无线网络通信股份有限公司与被告索尼移动通信产品（中国）有限公司侵害发明专利权纠纷案[3]中，法院认为被告明知被诉侵权产品系专门用于实施涉案专利的设备，未经原告许可，为生产经营目的将该产品提供给他人实施涉案专利的行为，已经构成帮助侵权行为。但该观点被二审法院否定。[4]

第三种是参与的各主体承担共同侵权责任。有学者建议建立无意思联络的共同侵权责任规则，各方分别实施的行为间接结合造成同一损害结果

---

〔1〕 参见最高人民法院《关于审理侵犯专利权纠纷案件应用法律若干问题的解释（二）》第21条的规定；北京市高级人民法院民事判决书，（2017）京民终454号。

〔2〕 参见何怀文：《方法专利引诱侵权研究——兼评美国联邦巡回上诉法院 Akamai Technologies, Inc. v. Limelight Networks, Inc. 案全席判决》，载《知识产权》2013年第3期。

〔3〕 参见北京知识产权法院民事判决书，（2015）京知民初字第1194号。

〔4〕 参见北京市高级人民法院民事判决书，（2017）京民终454号。

的，按过失大小、原因力大小承担责任。[1]

第四种是根据现有法律规定让主要参与者承担直接侵权责任。有学者主张，我国应引入"控制或指挥"标准，合理界定直接侵权与共同侵权，将"控制或指挥"他人实施专利的情形从共同侵权中剥离，被控或指挥的人无须承担责任，控制或指挥第三方的主体构成直接侵权。[2] 司法判决中也有认定构成直接侵权的判决，但理由不同于"控制或指挥"标准。在北京握奇数据系统有限公司诉恒宝股份有限公司专利侵权纠纷案[3]中，法院认为，虽然用户参与了个别步骤，但也是在电子装置制造者预先设置的操作步骤环境下进行的，用户并不能参与或改变后台程序内容，该电子装置的制造者显然是该认证方法技术方案的实施者。

第五种是通过立法或司法解释让主要参与者承担直接侵权责任。有学者主张在立法中规定"明知是方法专利而实施关键步骤并与他人共同造成侵害后果的，应承担侵权责任"的专门条款，或明确司法解释规则，淡化各方的主观意思联络要件，强调其客观行为关联，追究实施方法专利流程中关键步骤的控制人之直接侵权责任。[4]

四、腾达案以及本案中的规则

腾达案与本案系同一原告，涉及同一专利。腾达案中的被控侵权产品是路由器，其中固化了涉案专利方法实质内容。最高人民法院确立了以下

---

〔1〕 参见王晓燕：《Akamai案审理对云计算方法专利侵权判定的启示》，载《重庆邮电大学学报（社会科学版）》2016年第6期。

〔2〕 参见刘友华、徐敏：《美国方法专利拆分侵权认定的最新趋势——以Akamai案为视角》，载《知识产权》2014年第9期；张泽吾：《方法专利分离式侵权判定研究》，载《法学杂志》2016年第3期。

〔3〕 参见北京知识产权法院民事判决书，(2015)京知民初字第441号。

〔4〕 参见管育鹰：《软件相关方法专利多主体分别实施侵权的责任分析》，载《知识产权》2020年第3期。

规则并认定被告构成直接侵权:如果被诉侵权行为人以生产经营为目的,将专利方法的实质内容固化在被诉侵权产品中,该行为或者行为结果对专利权利要求的技术特征被全面覆盖起到了不可替代的实质性作用,即终端用户在正常使用该被诉侵权产品时就能自然再现该专利方法过程的,则应认定被诉侵权行为人实施了该专利方法。本案中,广州知识产权法院适用了腾达案中的规则。

腾达案和本案的规则并非对现有专利侵权判定体系的突破和僭越,而是法律解释的方法,将制造过程中把专利方法固化于产品的行为,认定为侵害专利权的行为,是对专利侵权判定规则的进一步完善。[1]

笔者认为,在前面提到的五种观点中,第一种、第二种和第五种都需要突破现行的法律规定,设立新的规则。第三种使所有参与实施方法专利的主体都承担共同侵权责任,既要突破现行专利侵权认定的规则,又会加重部分实施人的责任。第四种观点相对来说是可行的。腾达案规则属于前述第四种观点,且适用结果相同,而与北京知识产权法院"握奇"案中的标准相似但更加完善。"指挥或控制"标准,关注行为人之间具有紧密的关联关系;腾达案中"固化+不可替代实质性作用"标准,主要关注被控侵权产品的客观功能。相比而言,这一标准更客观化,也更容易判断。

五、判决的价值参考

"固化+不可替代实质性作用"标准是在第四种观点的基础上,对方法的"使用"行为进行解释,不再将专利方法的"使用"限定于执行权利要求所记载的各个步骤,而是将其进一步扩大至执行该方法的软件的"固化",从而使多主体方法专利的侵权判断客观化,保护了专利权人,又使真正促成实施

---

〔1〕 参见张晓阳:《多主体实施方法专利侵权案件的裁判思路与规则——以敦骏公司诉腾达公司案为例》,载《人民司法》2020年第7期。

方法专利并从中获利的人行为人承担了法律责任，在现行法律规则的框架内对多主体方法专利提供了保护，对于此类专利的保护具有重要意义。当然，这种方法只适用于将专利方法“固化”到产品中的行为，对于未“固化”的行为，可以参考“指挥或控制”标准认定侵权行为。

006

权利要求中限定了加工对象特征时的侵权判定方法 / 蒋洪义

江西省一互电气有限公司、江西省亿博自动化设备有限公司与温州具凯自动化设备有限公司、宜春市恒永丰电气设备贸易有限公司侵害发明专利权纠纷案 / 宜春市中级人民法院民事判决书,(2019)赣 09 民初 163 号　最高人民法院民事判决书,(2020)最高法知民终 1209 号

事实概要

2015 年 4 月 15 日,江西省亿博自动化设备有限公司(原审原告、二审被上诉人,以下简称 X1)从案外人处取得 ZL201310070120.4 号发明专利的排他性实施许可。2016 年 7 月 20 日,江西省一互电气有限公司(原审原告、二审被上诉人,以下简称 X2)从案外人处受让涉案专利。涉案专利只有一项权利要求:请求保护一种电压互感器数控绕线机。它包括绕线辊,该绕线辊包括可活动组合成整体的滚轮和线套,滚轮上设置有齿圈,在滚轮和线套之间设置有开合型的环氧筒。

宜春市恒永丰电气设备贸易有限公司(原审被告、二审上诉人,以下简称 Y1)是温州具凯自动化设备有限公司(原审被告、二审上诉人,以下简称 Y2)的授权代理商,在宜春市代理销售 Y2 生产的数控绕线机。2017 年 10 月 11 日,Y2 向 Y1 出售型号为 ZDJ－1 的数控绕线机一台。2017 年 11 月 14 日,X2 以人民币 55,000 元的价格向 Y1 购买了型号为 ZDJ－1 的数控绕线机一台,随后向原审法院起诉 Y1、Y2 侵犯涉案专利。

经比对,被诉侵权产品缺少涉案专利权利要求 1 中记载的“滚轮和线套之间设置有开合型的环氧筒”技术特征,但具有其他技术特征。

一审判决认为，根据被诉侵权产品的使用目的，如果缺少该环氧筒则被诉侵权产品无法正常使用，并认定被诉侵权产品对涉案专利构成侵权。

二审中，Y1 提交书面意见称，Y2 所述被诉侵权产品缺少环氧筒，且其不销售环氧筒，与事实不符。Y2 销售给 Y1 的产品零部件、位置与产品说明书一致，只是环氧筒没有安装在产品上面，而是随产品附带，在产品启用绕线时环氧筒才安装上去。且环氧筒是消耗品，可以外购，X2 购买被诉侵权产品时并未提及要环氧筒，所以 Y1 未将环氧筒一起交给 X2。

二审法院确认了一审查明的事实，但否定了一审判决的侵权判定结论。二审法院认为，根据 X1、X2 提交的现有证据，尚不足以认定被诉侵权产品具有配合铁芯使用的“开合型的环氧筒”相同或等同技术特征，能够实现涉案专利发明目的。据此，撤销一审判决，驳回 X1、X2 的全部诉讼请求。

判决要旨

一审判决认为，涉案产品的使用目的是制作电压互感器，开合型的环氧筒的作用在于支撑绕制的铜线线圈，铜线线圈包裹在环氧筒外围，是电压互感器中铜线线圈的载体，用于最终产成品的装载使用。被诉侵权产品在实际使用进行铜线绕制时，如果没有环氧筒对铜线进行装载，则无法达到产品使用目的，即无法成捆地将铜线进行绕制，更无法制作出电压互感器。而被诉侵权产品在滚轮与线圈之间已经预留出相同位置来装载功能相同的环氧筒装置，以用于绕制铜线并制作电压互感器。与此同时，被诉侵权产品其他部件的设计位置、作用、功能和涉案专利相同。因此，Y2 提出的被诉侵权产品没有设置环氧筒的抗辩理由与自身生产产品的使用目的相矛盾。虽然公证购买的被诉侵权产品上未设有该环氧筒，但被诉侵权产品在使用时如果缺少该环氧筒则无法使用。因此，Y2 主张被诉侵权产品中没有环氧筒，不构成专利侵权的理由不能成立。

二审法院认为，经阅读涉案专利权利要求书及说明书，本领域技术人员可知，专利所述“开合型环氧筒”解决的技术问题是配合绕线机设置的对开组合式的绕线辊，在加工互感器时不需要将铁芯分开，以提高绕线效率。X2公证购买的被诉侵权产品，确实未带有环氧筒相关组件（包括铁芯）。被诉侵权产品说明书封皮照片虽可见数控绕线机滚轮之间有铜线线圈，但无法确认其支撑物的具体结构以及是否为开合式以及铁芯结构。并且，结合互感器为绕线机的加工对象，环氧筒为加工配件的事实，不能得出被诉侵权产品缺少环氧筒相关组件即无法使用的结论。综上，根据X1、X2提交的现有证据，尚不足以认定被诉侵权产品具有配合铁芯使用的“开合型的环氧筒”相同或等同技术特征，能够实现涉案专利发明目的。根据《民事诉讼法》第64条第1款中“当事人对自己提出的主张，有责任提供证据”的规定，X1、X2对此应承担举证不能的不利后果。此外，Y1虽在二审中提交书面意见称其购买Y2的绕线机ZDJ－1型产品带有环氧筒，因故未交付给X2，但缺乏相关佐证，难以据此确认被诉侵权产品可能遗落的配件技术特征，二审法院不予采纳。根据《最高人民法院关于审理侵犯专利权纠纷案件应用法律若干问题的解释》第7条第2款中“被诉侵权技术方案的技术特征与权利要求记载的全部技术特征相比，缺少权利要求记载的一个以上的技术特征，或者有一个以上技术特征不相同也不等同的，人民法院应当认定其没有落入专利权的保护范围”的规定，被诉侵权产品因缺少涉案专利权所述“开合型的环氧筒”技术特征，未落入专利权保护范围。原审法院认定被诉侵权产品在滚轮与线圈之间已经预留出装载环氧筒的位置以及被诉侵权产品缺少环氧筒则无法使用，进而认定被诉侵权产品落入涉案专利权保护范围，依据不足，二审法院依法予以纠正。

评 析

在本案在现有证据不能证明被诉侵权产品具有“开合型的环氧筒”技术特征的情况下，认定被诉侵权产品未落入涉案专利的保护范围，表面上看似乎符合专利侵权判定中的全部技术特征原则。但本案的争议技术特征“开合型的环氧筒”比较特殊，它并非涉案专利要求保护的电压互感器数控绕线机本身的结构特征，而是该数控绕线机的加工对象——电压互感器中的配件结构特征，即在使用该数控绕线机制造电压互感器时，需要使用“开合型的环氧筒”作为配件进行制造。因此，在对该争议技术特征进行侵权比对时，不宜将其作为该数控绕线机的本体结构特征与被诉侵权产品进行比对，而应参照使用环境特征的侵权判定方法进行侵权比对和判定，才能充分保障专利权人的合法权益。

根据涉案专利的说明书，涉案专利要解决的技术问题之一，是在电压互感器生产过程中的线圈绕线步骤，即“线圈铁芯要先分开，绕完后又要创新组合，绕线操作比较麻烦，绕线成本比较高”。为解决上述技术问题，涉案专利使用“包括可活动组合成整体的滚轮和线套”的绕线辊，并且“在滚轮和线套之间设置有开合型的环氧筒”。在绕线时将对开式绕线辊拆开，套在铁芯上组合成整体，通过对开组合式的绕线辊，不需要分开铁芯就可实现整体式铁芯绕线制成线圈，从而达到快速绕线，提高绕线效率的发明目的。由此可见，权利要求记载的设置在滚轮和线套之间的开合型环氧筒，实际上是与上述对开组合式绕线辊配套使用的。二者配合使用，才能在绕线过程中不需要将铁芯分开就可实现整体式铁芯绕线制成线圈。

但上述“开合型环氧筒”实际上并不是涉案专利要求保护的电压互感器数控绕线机本身的组成部件，而是作为绕线机加工对象的电压互感器中的线圈的组成部件。对此，一审、二审判决均已作出认定。因此，被诉侵权产品在生产销售时，从技术角度出发，实际上并不需要配备“开合型环氧筒”，当然从商业角度也可以预装和搭配销售开合型环氧筒。

根据“开合型环氧筒”与绕线机之间的上述关系，可以判断涉案专利在权利要求撰写上是有缺陷的，即将加工对象（线圈）的配件结构特征在形式上写成了加工设备（绕线机）的结构特征，而没有采用类似于使用环境特征的撰写方式，由此导致了不利的侵权比对结果。二审法院以现有证据不能证明被诉侵权产品具有配合铁芯使用的“开合型的环氧筒”为由，作出了不侵权判决。

尽管存在上述撰写缺陷，但本领域技术人员在阅读说明书之后应该能够理解上述开合型环氧筒实际上是涉案专利要求保护的电压互感器数控绕线机的加工配件。也就是说，从本领域技术人员的角度来看，涉案专利的保护范围还是清楚的，不应把“开合型环氧筒”理解为绕线机本身的构成部件。

在认定“开合型环氧筒”属于与绕线机配合使用的加工对象配件的情况下，本案应参照使用环境特征的侵权判定方法对被诉侵权产品进行侵权判定方显合理，即本案应根据被诉侵权产品在实际使用中是否必须使用“开合型环氧筒”而得出侵权判定结论。具体而言，本案在查明事实方面，重点不是看被诉侵权产品本身是否具有“开合型环氧筒”，而应查明被诉侵权产品在使用环节是否必须与“开合型环氧筒”配套才能正常使用。这一事实可以通过对使用被诉侵权产品实际制造电压互感器的过程进行现场勘验的方式予以查明。如果被诉侵权产品在使用环节必须与“开合型环氧筒”配套才能正常使用，则应认定被诉侵权产品具有涉案专利权利要求中限定的加工对象配件特征，进而落入涉案专利的保护范围。

007

专利侵权判定中"可预见性规则"的适用 / 蒋洪义

慈溪市佳宝儿童用品有限公司与宁波腾裕汽车零部件有限公司、宁波博纳汽车零部件有限公司和宁波捷时进出口有限公司侵害发明专利权纠纷案／浙江省宁波市中级人民法院民事判决书，(2018)浙02民初2344号　最高人民法院民事判决书，(2020)最高法知民终928号

事实概要

慈溪市佳宝儿童用品有限公司(一审原告、二审上诉人，以下简称X)享有"儿童游戏围栏安全锁装置"发明专利(以下简称涉案专利)，该专利权利要求1请求保护一种包括安全锁机构的儿童游戏围栏安全锁装置。其中的安全锁机构包括锁头和锁尾两部分，锁头安装在门栏上，锁尾固定在套接机构上；锁头的锁盖上设置有二道锁开关和扳手，锁头内部与二道锁开关相连有横销，横销一端通过固定螺丝固定在锁盖上。

X于2018年12月5日起诉宁波腾裕汽车零部件有限公司、宁波博纳汽车零部件有限公司和宁波捷时进出口有限公司(一审被告、二审被上诉人，以下简称Y)侵害涉案专利。

一审法院认为，涉案专利的安全锁机构部分限定了"锁头内部与二道锁开关相连有横销，横销一端通过固定螺丝固定在锁盖上"特征，其中横销与螺丝之间系连接关系，利用螺丝对横销实施限位，横销一端抵靠在固定螺丝旁。而被诉侵权产品中螺丝位置明显低于横销位置，螺丝并未对横销起到任何限位作为，且螺丝与横销之间不存在连接关系，被诉侵权产品系通过在横销后侧方另行设置的凸块完成限位功能，且从被诉侵权产品实现上述功

能的具体构造来看并非属于本领域的普通技术人员无须经过创造性劳动就能够联想到的特征,故一审法院认为被诉侵权产品的该技术特征与涉案专利的技术特征不相同也不等同,不构成侵权,驳回了X的诉讼请求。

X上诉后,二审法院于2020年9月25日判决驳回上诉,维持原判。

判决要旨

本案的争议焦点在于如何解释涉案专利权利要求1中的“横销一端通过固定螺丝固定在锁盖上”,被诉侵权技术方案是否具有与之相同或等同的技术特征。

二审法院认为,根据涉案专利权利要求1的技术方案,结合说明书的记载,涉案专利权利要求1中的“横销一端通过固定螺丝固定在锁盖上”应解释为“横销一端通过固定螺丝限定在锁盖上”。经比对,被诉侵权技术方案中的横销一端并未通过固定螺丝限定在锁盖上,横销通过其后侧方另行设置的凸块进行限位,螺丝只是用来固定二道锁开关,与横销之间不存在连接关系,也起不到限制横销位移的作用。等同原则的适用通常考虑专利权人在撰写权利要求时不能预见到侵权者以后可能采取的所有侵权方式等情况,对权利要求的文字所表达的保护范围作出适度扩展,将仅仅针对专利技术方案作出非实质性变动的情况认定为构成侵权,以保护专利权人的合法权益。本案中,在专利申请日之前,本领域技术人员能够想到可以用横销移动的部件来限制横销位移,其中包括被诉侵权技术方案所使用凸块的方式。X却在申请专利之时仅将通过固定螺丝限制位移的方式记载入权利要求,在等同认定时,不应再将申请专利时能够预见到却没有被写入权利要求书的凸块等替代方式纳入专利权的保护范围。故被诉侵权技术方案不具有涉案专利“横销一端通过固定螺丝限定在锁盖上”的技术特征相同或等同的技术特征,被诉侵权技术方案未落入涉案专利权权利要求1的保护范围。

评 析

本案二审判决提出的"等同原则的适用通常考虑专利权人在撰写权利要求时不能预见到侵权者以后可能采取的所有侵权方式等情况，对权利要求的文字所表达的保护范围作出适度扩展……在等同认定时，不应再将申请专利时能够预见到却没有被写入权利要求书的凸块等替代方式纳入专利权的保护范围"这一裁判要旨，实际上是引入了专利侵权判定中的"可预见性规则"，并以此限制等同原则的适用范围。

"可预见性规则"目前尚未正式列入我国的专利侵权判定规则体系。北京市高级人民法院于2017年4月20日发布的司法指导性文件《专利侵权判定指南》第60条探索性地规定了"可预见性规则"，但至今尚未出现北京法院系统依据上述规则做出不侵权认定结论的判例。

引入"可预见性规则"的目的在于对等同原则的适用范围进一步作出合理限缩，使等同原则的适用更加合乎这项制度的法理本源，并通过发挥司法导向作用促进专利撰写和授权质量的提高。

对等同原则进行法理溯源，其主要是对专利权人在申请专利过程中由于客观原因而难以使其撰写的权利要求书在字面上全面覆盖授权后出现的侵权产品而给予专利权人对其专利字面保护范围适度放宽解释权利的一种补救措施。例如，在专利保护期限内由于科学技术发展产生了新的等同性技术手段，这种等同性技术手段系专利权人在申请专利时难以预见并因此无法将其写入权利要求书之中的，对于这种在专利申请时难以预见的等同性技术手段，如果不允许专利权人将这种等同性技术手段纳入专利权的保护范围，将会使专利权难以得到有效的保护，对专利权人有失公平合理。因此，等同原则的确立，主要是为了解决上述因不能归咎于专利权人的外在原因所导致的权利要求书字面保护范围被写窄的问题。事实上，等同原则要求以侵权行为发生时作为等同判断的时间基准点，恰恰就是为了应对专利权人在申请专利时无法预见的由于科学技术发展而出现新的等同技术手段的情形。

但在实践中,等同原则的适用经常会面临另一种情形,即申请专利时因工作失误而没有把当时本领域已经普遍知晓或者足以预见到的一些替代性技术手段写入权利要求书中,等到使用这些替代性技术手段的竞争性技术方案出现后,专利权人主张适用等同原则,将这些替代性技术手段纳入专利保护范围。

在以往的专利侵权判定实践中,针对上述撰写缺陷情形适用等同原则具有一定普遍性。这种等同原则适用情形实际上是对专利权人的撰写失误进行补救,弥补其因自身撰写失误而造成的权利要求书字面保护范围被写窄的缺陷。这种做法在实践中往往被诟病为将专利权人撰写失误的后果与责任转移给公众承担。在我国专利制度运行早期,由于缺乏经验,不宜对专利权人及其代理人的专利撰写水平过于苛求,所以通过适用等同原则适当补救专利文件的撰写失误具有一定的合理性。但是,随着我国专利制度特别是专利侵权诉讼实践的发展和完善,要求限缩等同原则适用范围并由专利权人对其撰写失误自担其责的呼声,在知识产权界已越来越强烈。

事实上,自从2001年6月22日发布的《最高人民法院关于审理专利纠纷案件适用法律问题的若干规定》第17条第2款确立等同原则以来,最高人民法院也不断地通过判例和确立反制性规则来纠正和防范等同原则的扩大化适用甚至滥用倾向:

——2005年,最高人民法院在(2005)民三提字第1号再审案件中排除了“多余指定”原则在专利侵权判定中的适用,同时针对当时专利审判实践中出现的等同原则被滥用的现象进行了纠正。

——2009年,最高人民法院在(2009)民提字第20号再审案件中扩大了“禁止反悔”原则的适用范围,该项法律适用标准后被写入了《最高人民法院关于审理侵犯专利权纠纷案件应用法律若干问题的解释》第6条中。

——2009年12月28日发布的《最高人民法院关于审理侵犯专利权纠纷案件应用法律若干问题的解释》第5条确立了捐献规则，即对于仅在说明书或者附图中描述而在权利要求书中未记载的技术方案，权利人在侵犯专利权纠纷案件中将其纳入专利权保护范围的，人民法院不予支持。根据捐献规则，对于仅在说明书或者附图中描述而在权利要求书中未记载的技术方案，不能通过适用等同原则将其纳入专利保护范围。

上述专利侵权判定实践和判定规则的发展趋势表明，专利权人对于因其自身原因而导致的在专利文件撰写和答复审查意见方面的缺陷，应当自担其责，不能委托于人，不能通过扩大适用等同原则而变相使公众承担专利权人撰写失误的后果。

近年来，我国在宏观知识产权司法政策方面已经提出了对专利实行强保护以促进创新的基本政策，同时随着我国专利申请数量的逐年快速增长，专利质量问题也一直存在争议。对专利实行强保护应该建立在对专利质量进行严要求的基础上，对优质专利进行强保护才有利于鼓励和促进创新；相反，如果不加区别地对劣质专利也实行强保护，不仅不利于真正的创新，反而会导致市场不公，阻碍产业发展，损害公众利益。

因此，引入"可预见性规则"，合理限缩等同原则的适用范围，与当前强调提高专利质量、对优质专利实行强保护的专利制度发展形势相呼应，不仅可以避免大量新增的低质量专利不合理地压缩公众对现有技术的自由使用空间，而且可以发挥司法导向作用，倒逼专利权人和代理人重视并努力提高专利文件的撰写质量。

而且，引入"可预见性规则"也是对2009年12月28日发布的《最高人民法院关于审理侵犯专利权纠纷案件应用法律若干问题的解释》第5条所确立的捐献规则的有益补充。捐献规则排除的是专利权人已写入说明书但未写入权利要求书的等同性技术方案,该规则的适用固然可以倒逼专利权人及其代理人重视并提高从说明书中概括出恰当的权利要求范围的能力,但也可能会产生有悖于制度设置初衷的负面导向后果,即专利权人及其代理人在撰写质量申请文件时,为了规避捐献规则,可能尽量缩减说明书公开的内容。"以公开换保护"是整个专利制度建立和运行的基石,专利领域中的各项具体制度的设置和运行应当整体上有利于促进专利技术方案的充分公开。所以,引入"可预见性规则",就可以与捐献规则相辅相成,堵住实践中可能出现的通过缩减说明书公开内容来规避捐献规则的漏洞。这样,捐献规则从专利文件内部的角度,"可预见性规则"从专利文件外部的角度,分别对等同原则的适用空间予以合理限缩。无论相关等同性技术方案是否被写入说明书中,只要它是专利权人在申请专利时从现有技术中已经知晓或者足以预见的等同性技术方案,都被排除在等同原则的适用范围之外。

国内可查的最早适用"可预见性规则"来限缩等同原则适用范围的案例是上海市高级人民法院作出的(2011)沪高民三(知)终字第90号判决,该案涉案专利中的争议技术特征是专利权人在专利授权审查程序中增加的修改特征。法院认为,被主张为等同的被诉技术特征是所属技术领域的技术人员在涉案专利的权利要求修改时能够预见的,由于该能够预见的技术特征在权利要求修改时并没有被写入权利要求中,故包含该能够预见技术特征的技术方案应视为已经被专利权人所放弃,专利权人再以技术特征等同为由主张构成等同侵权,不应得到支持。

最高人民法院在(2015)民申字第74民事裁定书中,同样阐明了应以"可预见性规则"限缩等同原则适用的裁判立场。该案涉案专利的权利要求1和说明书均记载进水套的上表面呈锥面。这表明,涉案专利在申请时已将其要求保护的技术方案限定为进水套的上表面呈锥面而不是平面,而锥面或平面均是涉案专利申请时该领域普通技术人员普遍知晓的技术方案,因此，专利权人将权利要求中该技术特征限定为锥面是将平面排除在涉案专利权的保护范围之外。鉴于此，在侵权判定时，不能将技术特征“锥面”扩张到“平面”予以保护，否则将有损社会公众对专利权保护范围确定性和可预见性的信赖，从而损害社会公众的利益，动摇专利制度的基石。

国内专利界对于引入“可预见性规则”一直争论较大，反对者主要担心“可预见性规则”会把对专利撰写质量的要求推高到近乎苛刻的程度，进而使等同原则基本上失去适用空间，最终导致专利侵权泛滥，不利于保护发明创造和激励创新。这种担心实际上源于对“可预见性规则”的过度解读。引入“可预见性规则”是为了使权利要求的保护边界更加清晰确定，防止等同原则被过宽适用导致公众对其技术实施行为的风险难以准确预判。换言之，引入“可预见性规则”是为了保障等同原则的合理适用，而不是绝对排除等同原则对于专利申请日前存在的替代性技术方案的适用。因此，“可预见性规则”自身的适用也需要有合理的边界和尺度，不能泛化和滥用，否则就会破坏专利权人与社会公众之间的利益平衡关系，背离这项制度设置的初衷。

008

现有技术抗辩 / 闫文军

佛山市顺德区华申电器制造有限公司、佛山市易豆科技有限公司与浙江小智电器科技有限公司侵害实用新型专利权纠纷案 / 最高人民法院民事判决书,(2019)最高法知民终 804 号

事实概要

浙江小智电器科技有限公司(一审原告、二审被上诉人,以下简称 X)是“泡制装置及其泡制物容器升降结构”实用新型专利的专利权人。X 认为佛山市顺德区华申电器制造有限公司(一审被告、二审上诉人,以下简称 Y)等生产销售的热水壶侵犯其涉案专利,并向法院起诉。针对 Y 提出的现有技术抗辩,原审法院认为,被诉侵权产品的卡夹组件与现有技术描述的“轴保持件”不相同也不等同。被诉侵权产品卡夹组件的相关技术特征在现有技术中没有得到全部披露,故现有技术抗辩不能成立。一审判决认定 Y 等构成侵权。

Y 等向最高人民法院(以下简称最高院)提起上诉。其上诉理由之一是被诉侵权产品使用的是现有技术,不构成侵犯专利权。

判决要旨

最高院驳回了 X 的诉讼请求。

现有技术抗辩判断的焦点在于被诉侵权技术方案的涉案技术特征是否与现有专利方案中的相应技术特征相同或者无实质性差异。经比对,被诉侵权技术方案的盖体安放位置、升降轴设置结构与现有专利无实质性差异。就卡夹组件结构而言,被诉侵权技术方案的弹簧、弹珠卡夹结构与现有技术的弹片、突起卡夹结构并

无实质性差异，属于能够直接替换的惯用手段。而被诉侵权技术方案的升降轴的滑动与定位，是弹簧、弹珠在盖体和升降轴之间的摩擦力大于对应重力所致，选择合适弹性的弹片以及合适摩擦系数的接触面即可实现。因此，被诉侵权产品与现有技术的卡夹结构、升降轴“保持定位”功能并无实质性差异。Y 不构成侵犯专利权。

评　析

一、判决思路和意义

在本案中，一审、二审法院判决的区别主要在于对现有技术抗辩是否成立的认定。一审以被控侵权技术与现有技术相应技术特征不相同也不等同，被控侵权技术没有被现有技术完全披露为由，认定现有技术抗辩不成立。最高院支持了上诉人观点，认定被诉侵权产品的技术方案与现有技术可以直接替换，二者均相同或者无实质性差异，故被诉侵权技术方案已被现有技术全部公开。本案关于现有技术抗辩是否成立的判断，表明了最高院对该问题的态度，阐释了最高院司法解释中关于现有技术抗辩的标准。

二、现有技术抗辩的学理及标准

对于现有技术抗辩，我国经历了从不承认到司法承认再到立法确立的过程。我国《专利法》2008 年修订时规定了现有技术抗辩，即第 62 条规定：“在专利侵权纠纷中，被控侵权人有证据证明其实施的技术或者设计属于现有技术或者现有设计的，不构成侵犯专利权。”现有技术抗辩属于“不侵权之抗辩”，即现有技术抗辩成立则应认定实质不侵权。[1] 在司法实践中，应当优先审查现有技术抗辩，一旦抗辩成立则可以直接认定不侵权，无须审查是

---

〔1〕 参见徐家力：《现有技术抗辩的司法适用顺序》，载《暨南学报（哲学社会科学版）》2017 年第 8 期。

否落入保护范围,因此可以缩短诉讼流程。

现有技术抗辩中的一个核心问题,是认定现有技术抗辩成立的标准。对此,有的学者将学界的观点概括为五种:十分接近或者明显相近似说、等同标准说、创造性标准说、有限的创造性标准说、新颖性标准说。[1] 有的则概括为三种:相同标准、创造性标准和无实质性差异标准。[2]

三、我国司法解释中的标准和以往司法实践状况

2009 年发布的《最高人民法院关于审理侵犯专利权纠纷案件应用法律若干问题的解释》第 14 条第 1 款规定:"被诉落入专利权保护范围的全部技术特征,与一项现有技术方案中的相应技术特征相同或者无实质性差异的,人民法院应当认定被诉侵权人实施的技术属于专利法第六十二条规定的现有技术。"我国司法解释中的标准可以称为"无实质性差异标准"。将被诉落入专利权保护范围的技术特征与一项现有技术的相应技术特征进行比对。如果两者相同或者无实质性差异,则可以认定被诉侵权人实施的技术属于现有技术,从而免除其侵权责任。根据司法解释制定者的解释,无实质性差异可以参照等同的标准来判断。[3]

在司法实践中,法院一般参照等同的标准认定现有技术抗辩是否成立。最高院在相关案件中一直适用无实质性差异的标准。在天津保兴建材工贸有限公司与银川东方京宁建材科技有限公司、徐某侵害实用新型专利权纠纷案[4]中,被诉落入涉案专利权利要求 3 的全部技术特征与在先专利公开的现有技术方案中的相应技术特征相同或者无实质性差异,保兴公司提出

---

〔1〕 参见张鹏、崔国振:《现有技术抗辩的对比方式和对比标准探析》,载《知识产权》2009 年第 1 期。

〔2〕 参见闫文军:《专利权的保护范围》(第 2 版),法律出版社 2018 年版,第 608 页。

〔3〕 参见孔祥俊、王永昌、李剑:《〈关于审理侵犯专利权纠纷案件应用法律若干问题的解释〉的理解与适用》,载《人民司法》2010 年第 3 期。

〔4〕 参见最高人民法院民事判决书,(2014)民提字第 87 号。

的现有技术抗辩成立。在西峡龙成特种材料有限公司、榆林市知识产权局专利行政管理(专利)行政诉讼案[1]中,整体式加热空腔与三段式加热空腔在加热功能和效果方面并没有实质性差异,故被诉侵权设备落入专利权的保护范围。在中誉电子(上海)有限公司与上海九鹰电子科技有限公司侵犯实用新型专利权纠纷案[2]中,法院认为,被控侵权产品中的一个技术特征没有被现有技术公开,也不是本领域的普通技术人员基于公知常识能够从现有技术中直接或者毫无疑义得出的技术特征。因此,被诉侵权技术方案与现有技术方案具有实质性的不同。

最高院在相关判决中也进一步说明无实质性差异参照等同标准。在盐城泽田机械有限公司与盐城市格瑞特机械有限公司侵犯实用新型专利权纠纷案[3]中,最高院指出:"认定现有技术抗辩是否成立的关键,在于确定现有技术中是否公开了与上述连接方式相同或者等同的技术特征。"而在陈某某与深圳市博大深鑫科技有限公司侵害实用新型专利权纠纷案[4]中,最高院指出了无实质性差异不同于创造性标准:"侵权抗辩中的现有技术比对不同于专利创造性的判断,不需要评判被诉侵权技术方案与现有技术方案之间的差异是否属于本领域技术人员容易想到的,或者是否存在技术启示,只需评判二者的差异就技术方案而言是否构成实质性的差异。"在黄某某与于某某侵害实用新型专利权纠纷案[5]中,最高院指明了现有技术抗辩的步骤:"判断现有技术抗辩理由是否成立,首先,应当是确定被诉落入专利权保护范围的全部技术特征;其次,确定一项现有技术所公开的相关技术特征;最后,将被诉落入专利权保护范围的全部技术特征与一项现有技术所公开

[1] 参见最高人民法院行政判决书,(2017)最高法行再84号。
[2] 参见最高人民法院民事判决书,(2011)民提字第306号。
[3] 参见最高人民法院民事裁定书,(2012)民申字第18号。
[4] 参见最高人民法院民事判决书,(2020)最高法知民终748号。
[5] 参见最高人民法院民事判决书,(2019)最高法知民终66号。

的相关技术特征进行对比,确定相应的技术特征是否相同或等同,或者是否被本领域普通技术人员认为是一项现有技术与所属领域公知常识的简单组合。”

四、对现有技术抗辩标准的分析

现有技术抗辩的标准可以按照宽严程度进行排列。最严格的标准是相同标准,最宽松的标准是创造性标准。而新颖性标准、无实质差异标准、等同标准等是介于最严格和最宽松之间的标准。

按照最严格的相同标准,被诉落入专利保护范围的技术特征与现有技术中的相应技术特征完全一致,则可以认定现有技术抗辩成立。新颖性标准非常接近相同标准,比相同标准稍微宽松。新颖性标准不仅仅指完全相同,还包括“直接地、毫无疑义地确定的技术内容”以及“惯用手段的直接置换”。

按照最宽松的创造性标准,被诉侵权技术与现有技术相比,不符合专利“创造性”的条件,则可以认定现有技术抗辩成立。从理论上讲,创造性标准是一种合适的标准,因为与现有技术相比缺乏创造性的技术都应当属于公有领域,任何人不能将它申请为专利,社会公众可以自由使用。而美国、日本和德国则认为只要被控侵权技术与现有技术相比没有创造性,就可以认定不构成侵权。[1]

我国法院采用的标准是无实质差异标准,实质上这一标准与创造性标准有相似之处,但也有明显区别。相似之处在于,无实质性差异标准参照等同标准判断,考虑被诉侵权技术与现有技术相比,是不是本领域技术人员不经过创造性劳动就能想到的。而创造性标准,则看被诉侵权技术与现有技术相比对于本领域的技术人员来说是否显而易见的。“不经过创造性劳动

---

〔1〕 参见闫文军:《专利权的保护范围》(第2版),法律出版社2018年版,第602页。

就能想到”和“显而易见”是很难区分的。但无实质差异判断时，只是将“一项现有技术”或“一项现有技术加公知常识”与被诉侵权技术进行对比，不能将两项以上的现有技术组合与被诉侵权技术进行对比。其结果是无实质性差异标准明显比创造性标准严格。

由于我国采用现有技术抗辩的时间不长，而审查侵权纠纷案件的法院又不熟悉创造性标准，采用无实质差异标准符合我国目前实际。按无实质差异标准，现有技术抗辩成立的情形包括与现有技术完全相同，也包括“直接地、毫无疑义地确定的技术内容”以及“惯用手段的直接置换”，还包括其他“不经过创造性劳动就能想到的”情形。可以说，无实质差异标准是比创造性标准严格但比新颖性标准稍宽松的标准。

五、判决的价值参考

本判决是适用现有技术抗辩的典型案件。一审法院虽然也按司法解释的规定进行了“等同”和“实质性差异”的判决，但认定标准过于严格。二审法院认为，二者的差异属实质性差异，因此现有技术抗辩成立。因此，该判决可以作为认定被控侵权技术与现有技术是否具有非实质差异的参考。

虽然最高院司法解释明确了我国现有技术抗辩的标准，也通过一系列的案件进行了阐释，但有无实质性差异的判断涉及技术问题，又有一定的主观性。如何作出准确判断，还需要法院在具体案件中进行探索。

009

确认不侵犯专利之诉的条件 / 闫文军

东莞银行股份有限公司与张某确认不侵害专利权纠纷案 / 最高人民法院民事裁定书,(2020)最高法知民终225号

事实概要

张某(一审被告、二审上诉人,以下简称Y)是一种名称为“在计算机和其他电子产品中自行提供恰到好处嵌入式帮助的方法和界面”发明专利的权利人;2018年8月31日,原国家知识产权局专利复审委员会作出第37130号无效宣告请求审查决定,宣告该专利权全部无效;2019年9月9日,Y向东莞银行股份有限公司(一审原告、二审上诉人,以下简称X)发送侵权警告函。2019年11月6日,X委托律师向Y发出催告函,要求Y立即撤回投诉,或尽快向人民法院提起侵权诉讼。2019年11月14日,X以Y为被告,向广州知识产权法院提起确认不侵害专利权纠纷诉讼。广州知识产权法院裁定对X的起诉不予受理,理由是涉案专利权在被宣告全部无效后,X提出确认其不侵害涉案专利权的诉讼请求已缺乏事实基础,其起诉不符合法定的受理条件。

X不服该裁定,向最高人民法院(以下简称最高院)提起上诉,要求撤销原审裁定,裁定广州知识产权法院依法受理本案。

判决要旨

最高院撤销原审民事裁定,指令原审法院立案受理。

X的起诉符合《民事诉讼法》第119条的规定,同时也满足了《最高人民法院关于审理侵犯专利权纠纷案件应用法律若干问题的解释》第18条规定的收到专利权人警告且

专利权人经催告后未撤回警告也不行使诉权的两项起诉条件。尽管 X 向原审法院起诉时尚未满足《最高人民法院关于审理侵犯专利权纠纷案件应用法律若干问题的解释》第 18 条规定的“权利人收到该书面催告之日起一个月”或者“自书面催告发出之日起二个月”的期间条件，但因二审中 X 起诉已符合期间条件，其起诉符合确认不侵害专利权纠纷之诉的法定条件。宣告专利权无效的审查决定也并不导致 X 丧失诉权，专利权无效宣告请求审查决定并非作出即生效，而是在起诉期限届满或司法裁判生效时才生效。因此，在宣告专利权无效的审查决定未生效的情况下，其不能产生否定专利权有效性的效力，权利人发送的侵权警告仍然有权利基础。相应地，被警告人亦可以在符合法定条件的情况下提起确认不侵害专利权之诉，以消除因收到侵权警告而产生的不安状态。本案中，Y 已向北京知识产权法院提起行政诉讼，宣告专利权无效的审查决定尚未生效，X 作为被警告人有权提起确认不侵害专利权之诉。司法解释中专利无效决定先行裁驳的规定，仅应适用于司法解释规定的专利权人提起的侵权之诉，不构成被警告人提起确认不侵害专利权之诉的障碍。

评 析

一、裁定思路和意义

本案涉及确认不侵犯专利权诉讼的受理条件，主要争议点是专利权被宣告无效后但在行政诉讼期间是否可以提起确认不侵犯专利权诉讼。最高院认定在宣告专利权无效的审查决定未生效的情况下，被警告人可以提起确认不侵害专利权之诉。本裁定中关于专利无效决定生效时间以及无效决定对于确认不侵权诉讼影响的认定，对于确认不侵犯专利权诉讼以及其他相关诉讼都具有重要意义。

二、确认不侵犯专利权诉讼的受理条件

确认不侵犯专利权之诉,是指在专利权人和专利相对人法律关系不确定或者对于是否侵犯专利权有争议的情况下,专利相对人向法院提出请求判定其行为或者产品不侵犯专利权人的专利权的诉讼。[1] 中国专利制度实施以来的很长一段时间时,中国并没有此类诉讼。2002 年 7 月,最高院在《关于苏州龙宝生物工程实业公司与苏州朗力福公司请求确认不侵犯专利权纠纷案的批复》(〔2001〕民三他字第 4 号)中,确认法院可以受理此类诉讼,并将"请求确认不侵犯专利权纠纷"作为案由。2021 年最高院修改《关于审理专利纠纷案件适用法律问题的若干规定》,在第 1 条增加了"确认不侵害专利权纠纷案件"的案件类型,使之成为专利纠纷案件的一种类型。

确认不侵犯专利权诉讼,应符合我国《民事诉讼法》规定的受理条件,即该法第 119 条的规定。除此之外,确认不侵犯专利权诉讼应当在双方产生实质争议时才能提起。因此,最高人民法院《关于审理侵犯专利权纠纷案件应用法律若干问题的解释》第 18 条规定了提起诉讼的前置程序:"权利人向他人发出侵犯专利权的警告,被警告人或者利害关系人经书面催告权利人行使诉权,自权利人收到该书面催告之日起一个月内或者自书面催告发出之日起二个月内,权利人不撤回警告也不提起诉讼,被警告人或者利害关系人向人民法院提起请求确认其行为不侵害专利权的诉讼的,人民法院应当受理。"司法解释规定了"警告""催告""经过一定期间"三个前置程序,将未经催告、未给专利权人撤回警告或提起专利侵权之诉留出合理期间的起诉挡在法院大门外,防止人民法院对尚未产生"不侵害专利权"实质争议的起诉立案受理。虽然本案起诉时并不符合上述要求,但一审法院并没有以不符

---

〔1〕 参见闫文军:《确认不侵犯专利权之诉的受理条件——南京金兰湾贸易有限公司与陈静、浙江天猫网络有限公司确认不侵犯专利权纠纷案》,载《中国发明与专利》2019 年第 4 期。

合期间条件为由裁定不予受理。本案若机械地适用司法解释,则二审可根据期间理由维持一审裁定,由被警告人即X另行起诉。这会导致程序空转,不利于民事纠纷的尽快解决。因此,二审法院考虑到二审中X起诉已符合期间条件的事实,未依据期间理由维持一审裁定。

三、专利权无效决定的生效时间及对确认不侵犯专利权诉讼的影响

按行政行为生效的一般规则,行政行为公定力、确定力、拘束力和执行力的发生时间,一般为告知之时,我国一般称为"收到通知之日"。[1] 我国《行政诉讼法》确立了"'诉讼不停止执行'为原则,'诉讼停止执行'为例外"的基本制度。既然行政行为一经作出就假定其合法有效,那么该行政行为被撤销、变更、确认违法或无效之前必须执行。[2] 专利无效宣告决定虽然属于行政行为,但决定生效的时间不同于一般行政行为的生效时间。

对于专利无效决定的生效时间,最高院在深圳万虹科技发展有限公司与深圳市平治东方科技发展有限公司专利侵权案[3]中曾作出认定:对于专利复审委员会作出宣告专利权无效的决定,如果当事人自收到通知之日起3个月期满仍未向人民法院起诉的,该决定即发生法律效力;如果当事人依法提起了行政诉讼,该决定只有被生效的行政裁判维持其合法有效后才能发生法律效力。本案中,最高院对此再次确认,并阐述了如此认定的理由:第一,无论是在我国行政法律规范还是在专利法律规范中,均无确定专利权无效宣告请求审查决定生效时点的直接依据。只有在行政相对人及利害关系人对行政决定放弃救济权利或救济权利用尽时,专利权无效宣告请求审查决定才具有不可争力,此时专利权有效与否才能处于终局性的确定状态。

[1] 叶必丰:《论行政行为的生效》,载《湖北行政学院学报》2002年第5期。

[2] 参见姜明安主编:《行政程序研究》,北京大学出版社2006年版,第170页。

[3] 参见最高人民法院民事裁定书,(2009)民申字第1573号。

因此,专利权无效宣告请求审查决定之生效时点应为不可争力的产生时点,不能因为一般情况下行政行为一经作出即具有执行力且复议和诉讼期间不停止执行,就认为专利权无效宣告请求审查决定亦是一经作出即生效。第二,我国的专利授权确权程序包括司法救济程序。当事人不服专利权无效宣告请求审查决定,可以提起司法救济程序。司法救济程序的结果会影响专利权法律状态的确定,是专利授权确权行为在司法领域的评判程序。因此,仅在专利法规定的上述起诉期限届满当事人未提起诉讼或者维持审查决定的司法裁判发生法律效力时,专利授权确权程序才在真正意义上结束,行政相对人及利害关系人负有不得再行争讼的义务。专利权无效宣告请求审查决定此时才具有不可争力,故应以此时点作为生效时点。第三,在宣告专利权无效的情况下,专利权保护的技术方案从专有状态进入公有领域,社会公众可以自由实施该技术方案。由于专利授权确权程序包括司法救济程序,如果将宣告专利权无效的审查决定之生效时点确定为一经作出即生效,而其后司法裁判又推翻该决定,则会造成技术方案在专有—公有—专有领域之间反复,并在保护专利权人的合法权益和推动发明创造的应用之间产生诸多争议,此种解读不符合专利法的立法宗旨。由于宣告专利权无效的审查决定未生效,故不影响权利人发送侵权警告以及收到警告的人提起确认不侵害专利权之诉。

实践中,容易引起混淆的问题是《最高人民法院关于审理侵犯专利权纠纷案件应用法律若干问题的解释(二)》第 2 条第 1 款以及第 2 款"先行裁驳""另行起诉"的规定。最高院指出,上述规定旨在提高专利侵权纠纷案件的审理效率,尽可能缓解审理周期较长的影响,其仅适用于司法解释规定的专利权人提起的侵权之诉。被警告人提起的确认不侵害专利权之诉,目的在于消除被警告人因专利权人发出的侵权警告而所处的不安状态。两者制度目的不同,因此司法解释该条规定的"先行裁驳""另行起诉"不构成被警告人提起确认不侵害专利权之诉的障碍。

四、裁定的价值参考

本案是第一起涉及专利无效后的行政诉讼期间提起确认不侵权诉讼的案件,最高院明确了在专利无效决定生效前可以提起确认不侵权诉讼的意见。专利权人可以参考该意见确定在专利无效行政诉讼期间如何发出侵权警告函,收到警告函的人可以参考该意见提起确认不侵权诉讼,法院参照该意见受理相关纠纷。今后,关于确认不侵犯专利权诉讼的受理条件,重点关注的仍是“警告”“催告”“经过一定期间”程序,对于司法解释中规定的这一程序如何把握以及是否合理,可以在实践中进一步探讨。

专利侵权救济

010

对禁执令申请的审查规则 / *赵启杉*

华为技术有限公司、华为终端有限公司、华为软件技术有限公司与康文森无线许可有限公司确认不侵害专利权及标准必要专利许可纠纷三案／最高人民法院民事裁定书,(2020)最高法知民终 732 号、733 号、734 号之一

事实概要

2018 年 4 月 20 日,华为技术有限公司、华为终端有限公司、华为软件技术有限公司(一审原告、二审被上诉人,以下简称 X)向江苏省南京市中级人民法院(以下简称南京中院)起诉,请求确认未侵害康文森无线许可有限公司(一审被告、二审上诉人,以下简称 Y)的 3 项中国专利,并请求确定 Y 所持有的中国区标准必要专利的许可条件。2019 年 9 月 16 日,南京中院作出一审判决。Y 对一审判决不服上诉至最高人民法院(以下简称最高院)。在中国诉讼进行的同时,2018 年 4 月 20 日,Y 在德国杜塞尔多夫州法院对 X 及其德国关联公司提起数起标准必要专利侵权诉讼。2020 年 8 月 27 日,杜塞尔多夫州法院就其中一案作出一审判决,认定侵权成立并判令禁止 X 提供、销售、使用或为上述目的的进口或持有相关移动终端,销毁并召回侵权产品等。该一审判决可在 Y 提供 240 万欧元担保后获得临时执行。同日,X 请求最高院禁止 Y 在中国案件审理期间申请执行该德国一审判决。2020 年 8 月 28 日,最高院作出本裁定,9 月 2 日 Y 提出复议申请。最高院于 2020 年 9 月 4 日组织双方听证,并于 9 月 11 日作出复议裁定,驳回 Y 的复议请求。

判决要旨

最高院结合案情，综合考察了被申请人申请执行域外法院判决对中国诉讼的影响、采取行为保全的必要性、是否采取行为保全对双方当事人利益的影响、行为保全对公共利益和国际礼让的影响等因素，裁定 Y 不得在最高院就三案作出终审判决前，申请执行德国杜塞尔多夫州法院于 2020 年 8 月 27 日作出的一审停止侵权判决。如违反本裁定，自违反之日起，处每日罚款人民币 100 万元，按日累计。

评　析

一、裁定思路

最高院认为，X 关于禁止 Y 在三案终审判决之前申请执行杜塞尔多夫州法院判决的申请，性质上属于行为保全申请，并从五个方面对该申请进行了审查。

1. 被申请人申请执行域外法院判决对中国诉讼的影响。最高院对比中德两国案件，认为两国诉讼当事人基本相同，审理对象存在部分重合。而且杜塞尔多夫州法院作出停止侵权判决以 Y 在与 X 谈判中提出的许可费符合公平、合理、无歧视原则（以下简称 FRAND 原则）为前提，因此从行为效果看，一旦 Y 申请执行杜塞尔多夫州法院停止侵权的一审判决并获得准许，则会对本三案件的审理造成干扰。

2. 采取行为保全措施是否确属必要。即审查不采取该行为保全措施是否会使申请人的合法权益受到难以弥补的损害或造成案件裁决难以执行。原则上，仅当确有必要时，方可采取禁止性保全措施。本三案中，最高院认为杜塞尔多夫州法院停止侵权判决已经作出，而按照德国法规定，原告可以提交担保后申请执行一审判决，X 为避免退出德国市场可能被迫接受 Y 的要价，从而遭受难以弥补的损害并使本三案的判决事实上难以获得执行。

3. 对申请人和被申请人相关利益的合理权衡。即权衡不采取行为保全措施对申请人造成的损害和采取行为保全措施对被申请人造成的损害，兼顾双方利益。本三案中，最高院认为采取行为保全只是使 Y 暂缓执行杜塞尔多夫州法院的一审判决，不会影响 Y 在德国的其他诉讼权益，因此受到的损害较为有限。同时，X 为禁执令已提供相应担保，可以保护 Y 的利益。

4. 采取行为保全措施是否会损害公共利益。最高院认为本行为保全措施仅对 Y 特定的诉讼行为在一段时间内产生约束，不影响公共利益。

5. 国际礼让因素的考量。最高院认为考虑国际礼让因素，可以考察案件受理时间先后、案件管辖适当与否、对域外法院审理和裁判的影响是否适度等。中国法院对本三案受理在先，相关行为保全措施既不影响德国诉讼的后续审理推进，也不会减损德国判决的法律效力，仅仅暂缓执行，其产生的影响在适度范围内。

另外，最高院认为本三案情况紧急，须在 48 小时内裁定，故未事先听证。

二、禁执令与禁诉令的概念与区别

本案 X 向最高院提起的行为保全申请在性质上属于禁执令申请。禁执令是广义的禁诉令中的一种。广义的“禁诉令”(anti-suit injunction)是英美法系为保护其法院诉讼和仲裁管辖而创设的一项诉讼制度，简言之，即限制一方当事人向外国法院提起诉讼或者执行外国法院已作出裁判的命令。广义的禁诉令包括狭义的禁诉令、禁执令、反禁诉令和反反禁诉令等，虽然目前国内统称为“禁诉令”，但是各类禁诉令的产生背景、限制内容和影响范围各有不同。例如，狭义的禁诉令是禁止涉案一方当事人在其他司法辖区提起或者继续相关诉讼，其范围覆盖颁发禁诉令法院之外的法院，对一方当事人的诉权进行广泛的限制，具有“进攻性”的特点；禁执令是指禁止涉案一方当事人申请执行已经在其他司法辖区取得的裁判，其范围仅覆盖作出具体裁判的某个域外法院，对一方当事人的诉权限制范围较小，更多体现“防御性”的特点。鉴于不同类型的禁诉令内容和影响上的差别,在构建审查规则时也应注意进行相应的调整,不宜“一刀切”。

三、禁诉令(禁执令)制度的起源、制度目的和各国规则简介

禁诉令最早源于15世纪英格兰王座法院、衡平法院为限制宗教法庭案件审理范围而颁发的令状,后来逐渐发展成为主要用于调解国内法院与域外法院之间审理的关联案件关系的一种制度。就目前而言,英国法院签发禁诉令的考察因素主要包括三个方面:(1)申请人有不在外国法院被起诉的合法权利,如当事人双方之间有仲裁协议或排他性的法院选择协议;(2)相关国外诉讼构成滥诉,如国外诉讼的原告缺乏明确的、合理的诉讼利益或外国法院对案件的管辖缺乏连结点;(3)国外诉讼可能阻碍英国法院审理有关案件或者执行有关判决。

美国的禁诉令制度虽然源于英国衡平法,但其规则主要由美国各联邦法院在有关判例中创设。就目前而言,美国各联邦巡回上诉法院对适用禁诉令的态度不尽相同。就颁布禁诉令的构成要件而言,以近年来颁布较多禁诉令的第九巡回上诉法院为例,该法院通过其审理的2006年的嘉露酒庄诉安迪纳酒庄案(E & J. Gallo Winer v. Andina Licores)、2008年的应用医学诉外科器械案(Applied Medical Distribution v. Surgical Co.)和2011年的微软诉摩托罗拉案,逐步形成了其对禁诉令的审查规则,具体而言包括以下四个要素:

1. 确定国内外诉讼的当事人和争议焦点是否一致。

2. 确定国内诉讼对请求禁止的诉讼是否具有决定性的作用。

3. 确定当事人是否证明了至少一项“下威悉”案(Unterweser)要素,其主要包含四项:(1)其他司法辖区的诉讼是否会阻碍在先诉讼地有关政策的实施;(2)在其他司法辖区进行的诉讼是否系滥诉或压迫性诉讼;(3)是否威胁

到了在先诉讼地法院对物或准对物管辖权；(4)诉讼程序是否损害了其他合理的对价。

4. 评估该禁诉令对国际礼让的影响是否是可容忍的。

对于欧盟成员的法院而言，因为遵从《布鲁塞尔公约》的规定，一般不接受"进攻性"的禁诉令。例如，德国法院在有关判决中曾认为当事人申请美国法院颁发禁诉令会侵犯德国法院对财产权的保护以及德国法院的司法管辖权。因此，以德国、法国为代表的欧盟成员法院更多倾向于颁发"防御性"的反禁诉令，以确保"进攻性"的禁诉令不在本国范围内执行，而不主动颁发"进攻性"的禁诉令。其反禁诉令的审查主要借鉴了临时禁令的相关规则，在此不再赘述。

禁诉令制度创设的出发点是避免当事人进行"法庭诉讼竞赛"(race to the courthouse)，以降低诉讼成本，提高司法效率。从表面上看，禁诉令是针对涉案的一方当事人作出的，但受禁诉令约束的当事人为了避免受到惩罚，通常不得不停止域外有关诉讼活动。因此，禁诉令会对域外法院审理有关案件产生影响，对禁诉令审查和颁发应秉持严谨、慎重的态度，使其符合国际礼让原则，避免引发不同司法辖区之间的对抗。

四、裁定的价值参考

本案是我国知识产权诉讼中首个具有禁执令性质的行为保全裁定。在本案前，虽然2012年青岛海事法院曾作出海事强制令裁定，2017年武汉海事法院作出过责令被请求人撤回禁诉令申请的民事裁定(反禁诉令裁定)，但是，这些裁定未详细阐述审查相关申请时的考量因素，而且海事诉讼特别程序与知识产权诉讼程序存在较大差异，对知识产权纠纷案件中禁执令申请的审查指导性不强。本案首次以民事诉讼法行为保全规则为基础，结合禁诉令制度创设初衷并参考其他相关判例形成的审查规则，初步确立了采取禁止申请执行域外法院判决的行为保全措施时应考量的各项因素，并结合民事诉讼法对有关妨害诉讼行为可采取强制措施的规定，明确了对违反禁执令裁定可以给予的处罚，初步构建了中国法下知识产权领域的禁执令规则。

然而，最高院对本案的裁定毕竟建立在个案基础之上，并不能囊括所有知识产权诉讼中可能涉及的禁执令问题，更不能覆盖全部类型的禁诉令问题。鉴于国内外平行诉讼的复杂性，以下问题仍值得进一步研究：

1. 禁执令与禁诉令审查规则的异同

最高院对本案的裁定内容为暂缓 Y 申请执行德国法院的一审停止侵权判决，性质上属于禁执令。禁执令仅为禁诉令中的一种，且其性质主要为“防御性”，因此，最高院在本案裁定中所考量的因素对禁执令类的行为保全申请审查更具有指引意义。而狭义的禁诉令一般具有“进攻性”，对其审查是否应该适用更为严格的规则值得进一步研究。在最高院对本案作出裁定后，湖北省武汉市中级人民法院和广东省深圳市中级人民法院又相继就中兴诉康文森案、小米诉 IDC 案、OPPO 诉夏普案和三星诉爱立信案作出了行为保全裁定，其行为保全性质涉及禁执令、禁诉令甚至反反禁诉令，但基本都援引和借鉴最高院在本案裁定中的相关考量因素。这种援引和借鉴是否符合不同性质禁诉令的需求、是否符合不同个案的不同案情，值得进一步的研究。

2. 现有民事诉讼法行为保全规则是否完全契合禁执令制度的需求

最高院在本案中是引用《民事诉讼法》第 100 条的规定，在行为保全制度基础上构建的禁执令审查规则。然而，《民事诉讼法》在起草之时并没有将禁执令制度纳入行为保全的考察范围，特别是行为保全制度本身并没有以避免滥诉和协调域内域外平行诉讼案件为目标，因此我国现行行为保全规则和禁执令制度的设计初衷不一定完全匹配，从而可能给未来该领域的司法实践造成困惑和问题。

首先，关于禁执令和禁诉令审查适用法律条文的困惑。最高院颁布的《关于审查知识产权纠纷行为保全案件适用法律若干问题的规定》（以下简称《行为保全规定》）是对《民事诉讼法》第100条在知识产权纠纷行为保全案件中如何适用的进一步解释，那么该司法解释是否应作为知识产权纠纷中禁执令乃至禁诉令审查的法律依据？这一点目前并不明确。最高院在本案中没有引用该司法解释，但是武汉市中级人民法院和深圳市中级人民法院在小米诉IDC案、OPPO诉夏普案和三星诉爱立信案的行为保全裁定中引用了《行为保全规定》第7条。对比《行为保全规定》第7条和最高院在本案中的分析框架，最大的区别是最高院在本案中没有分析《行为保全规定》第7条第1项所要求的"胜诉可能性"因素。这是因为本案系二审中作出的裁定，行为保全申请人已经取得了一审胜诉而使该考量要素分析没有了必要性，还是出于其他什么考虑？这个问题已经在其他涉及禁诉令裁定的案件中凸显出来，[1]值得进一步研究。

其次，行为保全规则里的若干审查要素在禁执令申请审查中如何把握？例如，关于难以弥补的损害、判决难以执行、情况紧急等因素在过去的知识产权侵权纠纷案件中都被赋予了特定的含义，指向特定的情形。在禁执令中，如何把握这些考量因素？需要哪些证据来证明这些考量因素？这些问题如果不进一步明确，可能使对这些考量因素的审查流于形式。

最后，现行行为保全规则提供的救济程序是否与禁执令的影响相匹配？例如，按照现行《民事诉讼法》的规定，行为保全裁定一经作出立即生效，且有效期持续至本案终审判决之日，被申请人对行为保全裁定不服的有且仅

---

〔1〕参见三星电子株式会社、三星（中国）投资有限公司、三星（中国）投资有限公司武汉分公司与爱立信公司标准必要专利许可纠纷案，湖北省武汉市中级人民法院民事裁定书（2020）鄂01知民初743号之一、之二。

有一次在5日内提起复议的机会，且由作出行为保全裁定的合议庭组织复议，合议庭须在10日内作出复议裁定，复议裁定不可以进行上诉。鉴于适用禁执令的案件多属知识产权领域的重大疑难案件且涉及国内外多个平行诉讼案件关系的协调，对禁执令的审查难度可能高于对一般知识产权侵权纠纷中行为保全申请的审查。如果合议庭又认定情况紧急而未经事前听证，则被申请人在禁执令裁定后5日内是否来得及完成委托境内代理人、准备复议申请及相关证据材料等一系列工作，是否能够确保合议庭全面掌握案件事实情况？面对案情复杂的案件，合议庭又是否能够在10日内完成复议审查？禁执令是对被申请人诉讼权利的一定限制，可能持续数年，对其他司法辖区案件审理也可能产生影响，那么仅提供一次复议机会且不允许上诉的安排对被申请人而言是否公平，又是否提供了足够的纠错机制？这些问题都有待进一步的研究。

011

对全球性禁诉令行为保全申请的审查规则 / 赵启杉

三星电子株式会社、三星(中国)投资有限公司、三星(中国)投资有限公司武汉分公司与爱立信公司标准必要专利许可纠纷案 / **湖北省武汉市中级人民法院民事裁定书,(2020)鄂01知民初743号之一、之二**

事实概要

爱立信公司(被告,以下简称Y)与三星电子株式会社(原告,以下简称X1)均为欧洲电信标准化协会(European Telecommunications Standards Institute, ETSI)成员,并向ETSI提交了以"互惠"为前提的公平、合理、无歧视(FRAND)许可声明。2020年,双方开始新一轮的标准必要专利许可谈判,双方均认为拟达成的许可协议为交叉许可协议。

2020年12月7日,X1及其中国子公司三星(中国)投资有限公司和三星(中国)投资有限公司武汉分公司(以下统称X)在湖北省武汉市中级人民法院(以下简称武汉中院)起诉Y,请求武汉中院依据FRAND原则裁定Y及其子公司所持有或控制的4G、5G标准必要专利对X的全球许可条件,包括许可费率。2020年12月11日,Y及其美国全资子公司在美国得克萨斯州东区地区法院(以下简称得州东区法院)起诉X1及其美国子公司,请求法院确认双方在谈判中是否履行FRAND义务。2020年12月14日,X在武汉中院提起禁诉令性质的行为保全申请;12月23日,X就该禁诉令申请提供担保;12月25日,武汉中院作出禁诉令。禁诉令裁定作出后,Y于2020年12月28日向得州东区法院申请临时限制令(Temporary Restraining Order, TRO)和反干扰令(临时禁令)。2021年1月11日,得州东区法院颁发反干扰令。随后,X1 及其美国子公司于同年 1 月 15 日就反干扰令向联邦巡回上诉法院提出上诉,目前该案正在上诉中。

在上述案件中,Y 向武汉中院同时提出管辖权异议申请和禁诉令复议申请。2021 年 1 月 29 日,武汉中院举行禁诉令复议听证。武汉中院于 2021 年 3 月 10 日驳回 Y 的复议申请,于 3 月 16 日驳回 Y 的管辖权异议申请。

判决要旨

武汉中院的禁诉令裁定,要求 Y 及其关联公司在该案审理期间至案件裁判生效时就涉案标准必要专利组合:(1)不得向中国或其他国家和地区的法院、海关、行政执法机关或通过其他程序寻求针对 X 及其关联公司以及三星通信产品制造和销售商申请或申请执行临时禁令、永久禁令或行政措施;(2)不得向中国或其他国家和地区法院请求裁定许可条件并立即撤回或中止此类请求;(3)不得向中国或其他国家和地区法院请求确认 Y 在谈判中是否履行 FRAND 义务,并立即撤回或中止此类请求;(4)不得向中国或其他国家和地区的法院请求反禁诉令。

评　析

一、裁定思路

武汉中院分析了以下五个因素后,决定颁发禁诉令:(1)本案是否存在因被申请人行为导致判决难以执行的情形。Y 如果申请禁令救济、申请执行禁令救济或请求裁判其他法院许可费率、确认 Y 是否履行 FRAND 义务或提起反禁令申请,都将影响武汉中院受理在先案件的审理和相关裁判的执行。(2)不采取行为保全措施是否会使申请人的合法权益受到难以弥补的损害。武汉中院认为 X 在本案中系标准必要专利实施过程中的被许可方,禁令措施可能导致 X 的市场份额不可逆转地萎缩,使其利益受到难以弥补的损害。(3)不采取行为保全措施对申请人造成的损害是否超过采取行为保全措施对被申请人造成的损害。武汉中院认为,颁发禁诉令将使X得以维持其产品的正常生产销售,并不妨害Y要求X给付许可费并计算相应损失的权利,故颁发禁诉令对Y的影响小于不颁发禁诉令对X的影响。(4)采取行为保全措施是否会损害社会公共利益和国际民事诉讼秩序。武汉中院认为其是最先受理当事人之间标准必要专利许可费争议的法院,其裁判将有助于双方解决多轮谈判未能解决的争议,也可以最大限度消除可能在多国出现的累诉和管辖权冲突。(5)申请人已经为行为保全申请提供了有效的担保。

二、驳回理由

在复议申请中,Y请求武汉中院撤销原裁定,理由主要包括:(1)对禁诉令的复议应待管辖权异议程序结束后由有管辖权的法院处理;(2)原裁定未对《最高人民法院关于审查知识产权纠纷行为保全案件适用法律若干问题的规定》(以下简称《行为保全规定》)第7条第1项的因素作任何审查评述,存在实体和程序错误,而X的请求违背了交叉许可事实,缺乏法律依据;(3)不颁发禁诉令不会使X受到难以弥补的损害,出现使裁判难以执行的情况,同时颁发禁诉令会给Y带来严重的损害,导致当事人双方利益严重失衡;(4)原裁定损害了Y的案外利益以及案外人的利益;(5)该禁诉令限制范围过宽有违中国民事诉讼法有关处理国内关联诉讼的规定、国际礼让原则,并对其他司法辖区进行的平行诉讼造成阻碍,其裁判内容本身难以执行;(6)本案中不存在紧急情况,未经听证颁布该禁诉令违反有关行为保全的程序规定。

武汉中院针对Y的复议理由,在复议裁定书中认为:(1)禁诉令不受管辖权异议程序的影响,其复议申请应由作出禁诉令裁定的法院进行审查;(2)本禁诉令裁定可以维护中国法院管辖权,避免和预防外国法院以及其他中国法院受理与本案发生冲突的案件，减少重复诉讼，没有违反我国处理国际平行诉讼和国内关联诉讼的规定；(3) Y很可能在法院就禁诉令事项询问双方期间，依据其所持有的4G、5G标准必要专利对X提请侵权诉讼或向外国法院申请预防性反禁令，因此本案存在需要未经听证立即作出裁定的紧急情况；(4)法院作出禁诉令裁定应着眼于被申请禁止的行为是否会导致案件判决无法执行或者是否导致禁诉令申请人遭受其他损害，不受当事人诉讼请求范围的限制；(5)《行为保全规定》第7条第1项的规定只适用于知识产权侵权纠纷，本案中法院需要裁判的是许可条件，并不存在考察所谓“胜诉可能性”的问题；(6)通信领域标准必要专利许可谈判和侵权判定的复杂性决定了X是否可能免遭禁令具有不确定性，Y可能就标准必要专利提起侵权诉讼并请求禁令的行为会使X陷入持续的侵权诉讼中，相关生产销售活动受到直接影响，本案的裁判也存在丧失执行价值的可能；(7) X提交禁诉令申请构成对自身行使标准必要专利权的自我约束，如果Y自觉履行本裁定，X将不会主动利用其持有的标准必要专利针对Y的通信产品提起禁令请求，因此原裁定不会造成双方当事人利益的重大失衡。

三、存在的问题及禁诉令规则的进一步完善

本案是2020年我国法院作出的禁诉令裁定中覆盖范围最宽泛、对被申请人诉权限制最严苛的禁诉令裁定。其禁诉令裁定和复议裁定中所涉的争议焦点，集中反映了构建我国禁诉令规则时应注意处理的一系列实体性和程序性法律问题，是值得深入研究的、涉及禁诉令问题的典型案件。

就本案而言，有以下问题值得进一步研究：

1. 禁诉令复议审查是否应待管辖权异议程序结束后由有管辖权的法院处理

在最高人民法院审理的华为诉康文森案中被告康文森没有提出管辖权

异议,深圳中院审理的中兴诉康文森案是在最高人民法院就管辖权异议作出二审裁定后作出禁诉令裁定。在本案中,X 在起诉后不久就提出禁诉令申请,随即武汉中院作出禁诉令裁定。限于在裁定作出后 5 日内提出复议的要求,被申请人为了不丧失复议机会,同时提出管辖权异议和禁诉令复议申请,并请求法院待管辖权异议程序结束后由有管辖权的法院处理禁诉令的复议审查,但被武汉中院拒绝。首先,法院对案件拥有管辖权是其作出一切裁判的基础,包括禁诉令在内的行为保全裁判,所以《行为保全规定》第 3 条才规定诉前行为保全应由有管辖权的法院作出,同理诉中行为保全也应由有管辖权的法院作出。其次,即使案件确实存在紧急情况,需要在管辖权确定之前先作出禁诉令裁定,但是行为保全裁定自作出之日起已经生效,因此对禁诉令裁定复议申请的审查不再具有紧急性,没有理由必须在管辖权确定之前作出。最后,依据目前民事诉讼法的规定,被申请人有且仅有一次申请复议的机会且复议裁定不可上诉。这意味着,即使案件经过管辖权异议程序被移送其他法院管辖,禁诉令裁定也会被移送执行,且被申请人不再有机会请求重新审查禁诉令裁定。

2. 颁发禁诉令是否须考察禁诉令请求是否有事实基础和法律依据

本案中,武汉中院作出禁诉令裁定依据的主要是《民事诉讼法》第 100 条和《行为保全规定》第 7 条的有关规定,但是在审查禁诉令申请时没有就《行为保全规定》第 7 条第 1 项即申请人的请求是否有事实基础和法律依据进行审查。武汉中院在禁诉令复议裁定中认为《行为保全规定》第 7 条第 1 项仅适用于知识产权侵权纠纷,而标准必要专利许可条件纠纷不是侵权纠纷,不涉及"胜诉可能性"。武汉中院的这一结论值得商榷:首先,我国法院目前构建的禁诉令和禁执令规则都以行为保全规则为基础,《行为保全规定》本身并没有限制其某条文仅适用于侵权诉讼,如果说第 7 条第 1 项仅适用于侵权诉讼案件,那么为什么不是整个《行为保全规定》都仅适用于侵权诉讼案件？而且最高人民法院在中兴诉康文森案管辖权异议的二审裁定中[1]认为，标准必要专利许可条件纠纷兼具合同纠纷和侵权纠纷的特点，因此，所谓"标准必要专利许可条件纠纷不是侵权纠纷，不存在胜诉可能性分析的必要"的观点站不住脚；其次，《行为保全规定》第7条第1项规定的要素是审查后续其他条款规定要素的前提和基础，如果行为保全申请人的请求没有事实基础和法律依据，说明其请求缺乏法律应该予以保护的合法权益，又何来"难以弥补的损害"？如果行为保全申请人本身的诉讼请求缺乏胜诉可能性，就应该驳回其诉讼请求，又何必通过禁诉令确保案件判决的执行？

3. 如何在禁诉令申请审查中分析难以弥补的损害与造成案件裁决难以执行的可能性

对禁诉令申请中"难以弥补的损害"的审查有两点值得进一步研究：第一，是否在任何情况下（无论权利人的性质）一切禁令救济（无论禁令救济的种类）都一定会给行为保全人造成难以弥补的损害？第二，"难以弥补的损害"的举证责任在哪一方当事人？证明要求如何？是否可以仅仅依据"可能申请禁令"为由认定存在"难以弥补的损害"和使案件裁决难以执行？

4. 如何在禁诉令申请审查中对当事人双方利益进行衡量

所谓公平、合理和无歧视原则，首先强调的就是双方在许可谈判中谈判地位的平等。本案中的双方当事人进行的是交叉许可谈判，互为权利人与被许可人，同样都承担给予对方互惠的FRAND许可的义务。那么，仅裁判一方的许可条件，并通过禁诉令限制一方行使包括寻求禁令、裁判费率和确认是否履行FRAND义务在内的大部分诉讼权利是否会造成当事人双方利益的失衡？另外，提出禁诉令申请本身是否就当然构成对请求人自身行使

[1] 参见中兴通讯股份有限公司与康文森无线许可有限公司标准必要专利许可纠纷管辖权异议案，最高人民法院民事裁定书（2019）最高法知民辖终157号。

诉权的约束？在没有同样罚则制约的情况下，如何确保请求人会切实履行“自我约束”？

5. 如何确定禁诉令裁定对国际礼让规则的影响

最高人民法院在华为诉康文森案禁执令裁定中认为，考量国际礼让因素时可以考察案件受理时间先后、案件管辖适当与否、对域外法院审理和裁判的影响是否适度等。在华为诉康文森案中仅要求被申请人暂缓申请执行德国法院已作出的一审判决，并不会影响域外案件的继续审理。但在本案中，禁诉令裁定要求被申请人撤回域外诉讼或相关诉讼请求，这可能导致相关域外案件无法继续审理。那么所谓“（行为保全）对域外法院审理和裁判的影响”是否应该成为衡量禁诉令裁定是否符合国际礼让规则的核心要素？又应该怎样衡量才不会使国际礼让规则的考量流于形式？

6. 禁诉令裁定的覆盖范围应该如何确定

首先，禁诉令是否应该覆盖国内法院？对于国内法院受理的关联诉讼案件，已经有民事诉讼法关于移送管辖、指定管辖、中止诉讼等制度加以调整，如果再附加禁诉令制度是否会架空这些规定，使案件受理先后顺序成为确定国内法院管辖权的唯一依据？其次，禁诉令裁定是否应该覆盖案外人？最高人民法院在华为诉康文森案中并没有对案外人施加义务，仅认为衡量禁诉令对双方当事人的影响时，对受损利益的考量不限于原告诉讼请求。本案对案外的当事人施加了义务并匹配了罚则，却没有给案外当事人参加诉讼并就禁诉令裁定提交证据和陈述理由的机会，是否合理？

7. 如何从程序上完善禁诉令制度设计

禁诉令不同于禁执令，对一方当事人的诉讼权利限制广泛，具有“进攻性”，对域外法院案件的审理也会产生较直接的影响，因此需要从程序上进行精心设计以确保禁诉令制度有纠错机制，减少裁判错误，并为双方当事人提供充分而对等的保障。具体而言，第一，需要考量如何在禁诉令制度中明确“情况紧急”的具体衡量标准，使对禁诉令申请的审查仍然坚持行为保全制度的以事前听证为原则、以不听证为例外的基本规定。第二，禁诉令裁定的有效期从裁定之日起持续至终审判决之日，可能持续数年，是否可以借鉴临时限制令（TRO）规则，对情况紧急未经听证的申请，仅给予短期的有效性，待经过听证，充分掌握案件情况后，法院再作出有效期更长的行为保全裁定？第三，鉴于涉及禁诉令申请的案件往往具有相当的复杂性，需要考量对禁诉令复议程序的设计是否仍要坚持“5 日内提出申请”“10 日作出裁定”的规定。第四，对禁诉令的复议审查由作出禁诉令裁定的法院进行并且不能对复议决定上诉，是否会使对禁诉令复议的审查流于形式，无法发回纠错机制，也无法给被申请人提供充分的救济机会？以上程序问题都关系禁诉令制度设计的公平性和合理性，值得进一步深入研究。

012

专利权侵权纠纷的"反向行为保全" / 顾昕

永康市联悦工贸有限公司、浙江兴昊塑业有限公司与慈溪市博生塑料制品有限公司、浙江天猫网络有限公司、谢某侵害实用新型专利权纠纷案/最高人民法院民事裁定书,(2020)最高法知民终993号

事实概要

涉案专利权人慈溪市博生塑料制品有限公司(一审原告、二审被上诉人,以下简称X)向一审法院浙江省宁波市中级人民法院提起诉讼,请求法院判令永康市联悦工贸有限公司(一审被告、二审上诉人,以下简称Y1)等立即停止实施制造、销售、许诺销售被诉侵权产品的行为,电子商务平台浙江天猫网络有限公司(原审被告,以下简称Y2)立即删除、断开被诉侵权产品的销售链接,Y1与Y2承担连带赔偿责任。一审法院经审理后支持了X的请求。

Y1不服一审判决,[1]向最高人民法院(以下简称最高院)提起上诉。二审审理期间,国家知识产权局就涉案专利作出无效宣告请求审查决定,宣告涉案专利权全部无效。X表示将提起行政诉讼。

2020年11月5日,Y1申请行为保全,请求法院责令Y2立即恢复其在"天猫网"上经营的涉案网店中被诉侵权产品的销售链接,直至终审判决生效之日。Y1称因"双十一"将至,不恢复链接将使其遭受难以弥补的损失,并同意以其支付宝账户余额作为担保。

---

〔1〕 参见浙江省宁波市中级人民法院民事判决书,(2019)浙02知民初367号。

判决要旨

最高院准许申请人的行为保全请求，裁定被申请人立即恢复被诉侵权产品的销售链接。

最高院经审查认为，对于本案涉电商平台专利侵权的行为保全申请，应重点考虑以下问题：

第一，被控侵权人提起行为保全的主体资格。法院认为，行为保全措施的申请人并不限于原告，尤其是在涉电子商务平台知识产权侵权纠纷中，应当允许被诉侵权的平台内经营者在符合相关法律规定的情况下申请行为保全。平台内经营者因情况紧急，不恢复链接将会使其合法利益受到难以弥补的损害，向人民法院申请行为保全，要求电子商务平台经营者采取恢复链接等行为保全措施的，人民法院应当予以受理，并依据《民事诉讼法》第100条及相关司法解释的规定予以审查。

第二，是否应当采取恢复链接的行为保全措施。依据《最高人民法院关于审查知识产权纠纷行为保全案件适用法律若干问题的规定》第7条的规定，对于是否应当采取恢复链接的行为保全措施，法院认为主要考虑以下要素：

1. 申请人的请求是否具有事实基础和法律依据。法院认为，二审中涉案专利权已被宣告无效，虽然专利权人可能提起行政诉讼，但专利有效性也处于不确定状态。申请人账户余额共被冻结1560万元，正常生产经营受到严重影响。在此情况下，申请人要求网络平台恢复产品链接具有事实与法律依据。

2. 不恢复链接是否会对申请人造成难以弥补的损害。法院提出确定“难以弥补的损害”应考量是否存在以下情形之一：不采取行为保全措施是否会使申请人的商誉等人身性质的权利受到无法挽回的损害；不采取行为保全措施是否会导致申请人市场竞争优势或商业机会严重丧失。在本案中，不仅被诉侵权产品销量大，累积的访问量及搜索权重也较大，断开销售链接对其网络销售利益影响较大。特别是在“双十一”等特定销售时机,是否恢复链接将对被诉侵权人的商业利益产生巨大影响。在涉案专利权效力处于不确定状态的情况下,通过恢复链接行为保全措施使平台内经营者能够在“双十一”等特定销售时机正常上线经营,能够避免其利益受到不可弥补的损害。

3. 恢复链接对专利权人可能造成的损害是否会超过不恢复链接对被诉侵权人造成的损害。法院认为,被诉侵权产品与涉案专利产品虽为同类产品,但市场上类似产品众多,并不会导致权利人的专利产品因恢复链接而被完全替代。并且,法院将冻结申请人的支付宝账户相应金额及恢复链接后继续销售的可得利益。在此情况下,相较于不恢复链接对申请人正常经营的影响,恢复链接对权利人可能造成的损害较小。

4. 恢复链接是否会损害社会公共利益。法院指出社会公共利益一般考量的是公众健康、环保以及其他重大社会利益。而本案所涉被诉侵权产品系用于家庭日常生活的拖把桶,被诉侵权产品不存在可能损害公共利益的情形。

5. 是否存在不宜恢复链接的其他情形。法院认为,被诉侵权产品还因涉嫌侵害其他专利权而另案涉诉的事实,不会影响本案采取行为保全措施,并不存在不宜恢复链接的其他情形。

第三,如何确定担保金额。法院提出,一方面,应考虑恢复链接后可能给权利人造成的损失,确保权利人就该损失另行主张赔偿的权利得到充分保障;另一方面,也应合理确定申请人恢复链接后的可得利益,避免因冻结过多的销售收入不合理影响其资金回笼和后续经营。考虑到被诉侵权产品在删除链接前销售数额较大、恢复链接将可能导致权利人损失扩大等因素,法院综合了权利人在两案中的赔偿主张、恢复链接后申请人的可得利益等因素酌定担保金额。而除了固定担保金外,充分考虑申请人和权利人的两方利益，法院还增加了申请人销售额的50%为动态担保金。

评 析

一、裁定背景

电子商务发展带来的一个重要法律问题就是电子商务平台的责任承担问题，电子商务平台内入驻有大量的网络店家，其销售的海量产品一旦被知识产权权利人投诉侵权，很多情况下电子商务平台是无法做到立即精准判断出被投诉产品是否侵权的，一方面是权利人删除侵权产品的诉求，另一方面则是基于合同维持平台内经营者正常经营活动的诉求。为了避免电子商务平台在不具备判断能力的情况下陷于“夹板”地位，同时受到双方的诘难，我国最早在著作权领域《信息网络传播权保护条例》中规定了平台在履行一定程序时可以进入“避风港”，免于承担损害赔偿责任。2009 年制定的《侵权责任法》将这一规则扩展到除了著作权以外的其他民事领域。2018 年出台的《电子商务法》则进一步细化了判断规则，特别是第 43 条明确规定了电子商务平台转送“反通知”后的等待期，即电商平台的经营者收到知识产权权利人包含侵权初步证据的通知时，应当采取删除、屏蔽、断开链接、终止交易和服务等必要措施，并将该通知转送给平台内经营者，电商平台经营者可以提交不存在侵权行为的声明，电商平台将不侵权的声明再“转送”给权利人后，在 15 日内没有收到权利人已经投诉或起诉通知的，才可以终止必要措施，恢复平台内经营者的销售链接。

对于电子商务平台而言，基于平台长远发展利益可以选择在收到权利人通知后主动提高审查标准从而实质判断被投诉的行为是否构成侵权，不过其代价是一旦判断错误有承担共同侵权责任的风险；[1]另一个选择就是，在无法实质判断被投诉的行为是否构成侵权时就按照前述“通知—删

[1] 参见浙江省杭州市余杭区人民法院民事判决书，(2017)浙0110民初15213号。

除”规则的要求进入“避风港”，避免承担损害赔偿责任。

而电商平台大量选择适用《电子商务法》中“通知—删除”规则的问题是，电商平台转送“反通知”后等待期是 15 日，电商平台必须等待 15 日后才能决定是否恢复被删除的产品销售链接。经过如此程序和期间，却可能使平台内的商家丧失商机，造成其难以弥补的损失，尤其是针对销售旺季的热销品。不少权利人“恶意利用”基于这样的规则，在明知无权通知或通知依据不充分的情况下，仍然发起“恶意通知”或“恶意投诉”，从而给被通知人造成损失。从调研情况来看，平台对通知的审查标准十分纠结。为避免错误通知和恶意通知的发生，平台更倾向于严格审查通知是否成立，而一旦深度介入审查后，又担心因判断错误导致承担法律责任。〔1〕

二、相关司法实践

为了避免部分权利人恶意投诉给平台内商家带来巨大损失，国内法院开始尝试在被控侵权人提供担保且知识产权状态不稳定的情况下允许被控侵权人主张“反向行为保全”，先予恢复被删除的销售链接。

目前，国内法院裁定的涉电子商务平台侵害知识产权纠纷“反向行为保全”案件主要有两种类型：

第一种类型的案件是权利人主张的专利权被宣告无效、处于效力不稳定的状态，法院初步认为构成侵权的可能性不高的情况下裁定准予被控侵权人的行为保全申请。如在江苏省南京市中级人民法院 2019 年判决的我国首例知识产权反向行为保全案件中，〔2〕法院经审理后认为：(1)电商平台已经对权利人投诉进行了处理，删除了被诉侵权产品的销售链接；(2)根据当

〔1〕 参见浙江省高级人民法院联合课题组：《关于电商领域知识产权法律责任的调研报告》，载《人民司法(应用)》2020 年第 7 期。

〔2〕 参见江苏省南京市中级人民法院民事裁定书，(2019)苏 01 民初 687 号。

事人举证、质证及侵权比对的情况，并结合另一项折叠蚊帐实用新型专利已经被宣告无效的事实，法院初步认为构成侵权的可能性较小；(3)被诉侵权产品的销售很大程度上依赖于商誉和口碑的积累以及时机的把握，被诉侵权产品的销售具有较强的季节性，蚊帐销售在“618”活动前夕，且构成侵权的可能性较小，因此，若不及时恢复被删除的销售链接可能造成商誉和口碑的持续消减和损失以及交易机会的丧失，从而造成难以弥补的损失；(4)申请人同时也提供了现金担保。基于上述四点理由，法院裁定电商平台立即恢复申请人涉案被诉侵权蚊帐产品的销售链接。

相比之下，本案是最高院层面裁决的首个涉电子商务平台“反向行为保全”的案例，同样是在“双十一”等大促活动的前夕具有紧迫性，涉案专利权都被宣告无效、处于不稳定的状态，两个案件的案情比较类似，属于同一种类型的案件。不过最高院的裁定对《最高人民法院关于审查知识产权纠纷行为保全案件适用法律若干问题的规定》第7条行为保全的五点考量因素作出了具体的分析和解读，对今后类似案件的裁决具有重要的借鉴和指导意义。

第二种类型的案件[1]是权利人注册涉案商标并非出于使用目的，而是利用他人未及时注册商标的漏洞抢注具有一定影响力的商标，通过恶意投诉侵害他人合法在先权益，并企图以高额的“商标转让费用”等方式谋取不正当利益。在此情况下，法院裁定，对于服装等具有很强季节性的商品，在经历新冠疫情后开始全面复工复产的关键时期，申请人已经提交相应担保的条件下，准允申请人所主张的停止权利人依据涉案商标对商品链接及店铺进行知识产权投诉的行为。

---

〔1〕 参见浙江省杭州市余杭区人民法院民事裁定书，(2020)浙0110行保1号。

013

专利侵权救济的证据保全条件 / 闫文军

浙江中隧桥波形钢腹板有限公司与郑州恒天大建桥梁钢构有限公司、河南大建波形钢腹板有限公司、成都华川公路建设集团有限公司侵害发明专利权纠纷案 / **最高人民法院民事裁定书,(2020)最高法知民终2号**

事实概要

浙江中隧桥波形钢腹板有限公司(一审原告、二审上诉人,以下简称X)是"一种转角强化不等厚型波形钢板及制造方法"发明专利的专利权人。X主张郑州恒天大建桥梁钢构有限公司(一审被告、二审被上诉人,以下简称Y)等侵害其专利权,向一审法院起诉并申请证据保全。一审法院对X提出的证据保全申请未予支持,认为原告无明确具体的被控侵权产品,无从进行比对判定,驳回X的诉讼请求。

X向最高人民法院(以下简称最高院)提起上诉。上诉的理由之一是原审法院未对X证据保全申请进行处理,违反法律程序。涉案专利为产品专利加方法专利,且应用于桥梁,X客观上无法通过自身取证完全获取被诉侵权产品及其制造方法的材料,故向原审法院申请进行证据保全,原审法院未对X的证据保全申请进行任何处理,也未给出不予处理的原因,导致无法进行侵权比对。

判决要旨

最高院撤销原审判决,案件发回重审。

证据保全是补强当事人举证能力、推动查明案件事实的重要手段。人民法院应当依法审查证据保全申请,对于满足法律规定的申请，应予支持，通过及时采取恰当的保全措施，切实减轻当事人的证明负担。由于侵权行为的复杂性，尤其是在侵权行为通常较为隐蔽的知识产权领域中，人民法院在衡量个案情形是否符合法律关于依申请证据保全的条件时，应当基于申请人提交的初步证据和在案事实，充分运用日常生活经验和逻辑推理，在全面审查申请保全所依据的初步证据与待证事实之间的关联性、证据保全的必要性和可行性等因素的基础上，对是否准许证据保全申请作出综合判断。在审判实践中，证据保全是否存在必要性，一般需要审查以下几个方面：申请保全的证据是否与案件事实存在关联性，并具有较强证明力；申请保全的证据是否存在灭失或者以后难以取得的紧迫性；申请人是否穷尽了合理合法的取证手段仍不能取得相关证据。在本案中，二审法院认定，一审原告提交的初步证据与被诉侵权事实之间具有较强的关联性，一审原告申请法院证据保全具有紧迫性、必要性、可行性。一审法院应采取保全措施。

评 析

一、裁定思路和意义

本案主要涉及人民法院依申请保全证据的适用条件以及原审法院未按规定采取证据保全措施时，二审应如何处理的问题。最高院强调了证据保全措施的重要性，并根据我国《民事诉讼法》的规定提出了人民法院依申请进行证据保全的考虑因素。根据这些因素最高院分析了一审法院应当采取证据保全措施，最终认定原审法院应采取保全措施而未采取，导致本案基本事实认定不清，裁定撤销原审判决，发回重审。本案给出了人民法院在决定是否依申请进行证据保全时的主要审查内容，为《民事诉讼法》(2017 年修正) 第 81 条规定的法院采取保全措施的条件“证据可能灭失或者以后难以取得”的具体情况的分析和确定提供了思路，对于具有较高复杂性、隐蔽性的专利侵权纠纷具有重要意义。

二、证据保全的条件及学理分析

《民事诉讼法》(2017 年修正)第 81 条规定,人民法院采取保全措施的条件是存在“证据可能灭失或者以后难以取得的情况”。《最高人民法院关于依法加大知识产权侵权行为惩治力度的意见》(法发〔2020〕33 号)第 3 条规定:“权利人有初步证据证明存在侵害知识产权行为且证据可能灭失或者以后难以取得的情形,申请证据保全的,人民法院应当依法及时审查并作出裁定。”

学者对证据保全的实质条件进行了一定的讨论。首先,申请保全的证据必须与待证事实具有关联性,该证据可能会对案件的实体处理结果产生一定的影响。〔1〕 其次,收集证据应当具有及时性,证据保全的情形主要包括两种:一是“证据可能灭失”,即如果不及时收集证据,不对证据采取保全措施,证据就会永远丧失,再也收集不到,证据灭失也有可能是被蓄意毁损;二是“以后难以取得”,指证据将来虽然不至于灭失,但要取得证据将要遇到很大困难,而并非不能取得。〔2〕 最后,申请人提供的初步证据还需要具备充分性,包括主张权利的正当性和证明被申请人存在侵权的行为。〔3〕

包括专利侵权案件在内的知识产权侵权案件,相较一般案件而言,具有更高的复杂性,其证据具有隐蔽性、技术性、易毁性、不稳定性等特点,证据保全措施更加重要,而证据保全措施的适用条件具有相似性。有观点认为,

〔1〕 参见周继军:《民事证据规则适用》,中国民主法制出版社 2013 年版,第 69 ~ 71 页;张保生主编:《证据法学》(第 2 版),中国政法大学出版社 2014 年版,第 188 页。

〔2〕 参见武文举:《民事诉讼证据制度研究》,中国政法大学出版社 2012 年版,第 137 页。

〔3〕 参见郭伟:《论证据保全措施在商业秘密侵权案件中的适用及完善》,载《电子知识产权》2014 年第 11 期。

在对证据保全进行必要性审查时需要考虑权利主体能否自行收集证据。[1] 有学者专门对知识产权侵权案件的证据保全必要性审查进行研究，认为必要性审查的几个方面包括：证据是否可由当事人自行取得；证据是否可由当事人申请公证机关保全；证据是否由对方当事人掌握；所请求保全的证据与案件是否存在关联性。[2] 有观点认为，在司法实践中，应着重考察对于初步证据的审查和对于当事人是否能自行取得的审查。[3]

综合来看，在本裁定作出前，我国相关法律和司法解释对于证据采取保全措施的规定比较原则和简单。虽然学者和法官对此也进行了研究，但未全面概括考虑因素和适用条件。

三、以往司法实践

关于证据保全的实体审查条件，以往的司法实践在具体标准层面也进行了一定的探索。主要的审查内容包括证据保全的合法性、必要性、可行性、紧迫性等方面。

以往专利司法案例在判断是否进行证据保全时，主要考察了证据可能灭失或以后难以取得的因素，如戴某某诉达濠市政建设有限公司侵害发明专利权纠纷案[4]；部分案例结合专利有效性、申请人提交的证明被申请人侵权的初步证据进行审查，如欧瑞康纺织有限及两合公司诉惠安县宏源化纤织造有限公司公司侵害发明专利权纠纷案[5]、福建盛荣船舶设备制造有

---

〔1〕 参见北京市高级人民法院知识产权庭课题组：《〈反不正当竞争法〉修改后商业秘密司法审判调研报告》，载《电子知识产权》2019 年第 11 期。

〔2〕 参见杨建成等：《知识产权民事诉讼证据保全制度理论探析》，载《人民司法》2007 年第 21 期。

〔3〕 参见余晖：《知识产权诉讼证据保全制度研究》，载《人民司法》2010 年第 9 期。

〔4〕 参见广州知识产权法院民事裁定书，(2017)粤 73 民初 1216 号。

〔5〕 参见福建省福州市中级人民法院民事裁定书，(2018)闽 01 证保 2 号。

限公司诉福州通远液压机械有限公司等侵害发明专利权纠纷案[1]、湖南邱则有专利战略策划有限公司与宁德联信置业有限公司侵害发明专利权纠纷申请案[2]。

证据保全还需要考察现实的可行性,重点考察保全证据的特点和现状。在江苏宏鑫旋转补偿器科技有限公司与江苏远通波纹管有限公司、江苏华电仪征热电有限公司等侵害发明专利权纠纷案[3]和江苏宏鑫旋转补偿器科技有限公司与江苏贝特管件有限公司、江苏华电仪征热电有限公司等侵害发明专利权纠纷案[4]中,二审法院认为,由于当事人申请保全时证据的状态已经发生变化,采取保全措施会对被申请人、相关人造成难以弥补的损害,因此没有同意进行证据保全。

总体来看,虽然法院在司法实践中,对确定是否采取证据保全措施进行了探索,但法院并没有在相关文书中明确证据保全时考虑的因素。各法院在确定是否采取证据保全措施时,具有较大的自由裁量权,基本没有因一审法院未采取证据保全措施而发回重审的案件。

四、裁定的价值参考

本裁定作出后,最高院发布的《关于知识产权民事诉讼证据的若干规定》(法释〔2020〕12 号)第 11 条规定了证据保全时应当考虑的思想因素:"(一)申请人是否已就其主张提供初步证据;(二)证据是否可以由申请人自行收集;(三)证据灭失或者以后难以取得的可能性及其对证明待证事实的影响;(四)可能采取的保全措施对证据持有人的影响。"上述规定,与最高院在本裁定中提出的考虑因素基本相同。今后,法院会更加重视应当事人

[1] 参见福建省福州市中级人民法院民事裁定书,(2017)闽 01 证保 10 号。
[2] 参见福建省福州市中级人民法院民事裁定书,(2014)榕民保字第 41 号。
[3] 参见江苏省高级人民法院民事判决书,(2018)苏民终 1266 号。
[4] 参见江苏省高级人民法院民事判决书,(2018)苏民终 1264 号。

的要求采取证据保全措施的问题。而本裁定为理解和适用上述司法解释审查证据保全申请提供了一个实践操作思路和参考范例。在今后的司法实践中，尤其是在专利司法领域中，在审查初步证据、判断证据保全的必要性和可行性时，如何对具体标准进行把握，还需要进一步探索。

014

标准必要专利许可纠纷案件管辖权的确定规则 / 赵启杉

中兴通讯股份有限公司与康文森无线许可有限公司标准必要专利许可纠纷管辖权异议案 / **最高人民法院民事裁定书,(2019)最高法知民辖终157号**

事实概要

自2012年起,中兴通讯股份有限公司(一审原告、二审被上诉人,以下简称X)与康文森无线许可有限公司(一审被告、二审上诉人,以下简称Y)展开标准必要专利许可谈判,2012年7月至2017年9月,双方曾在中国南京、上海、深圳及日本东京等地进行过多次面谈。2017年7月24日,Y在英国高等法院起诉包括X在内的4个被告侵犯其标准必要专利,并请求法院就其全球专利组合裁定FRAND许可条件。2018年1月17日,X向广东省深圳市中级人民法院(以下简称深圳中院)起诉,请求就Y持有的中国标准必要专利组合裁定FRAND许可条件。对此,Y提出管辖权异议。深圳中院认为深圳市是X无线通信产品的研发地和生产地、合同谈判地及履行地,故于2019年1月18日作出一审裁定,驳回Y的管辖权异议。Y不服,向最高人民法院(以下简称最高院)提起上诉,其主要上诉理由是:(1)合同谈判地并非确定民事诉讼案件管辖的因素,无线通信产品的生产地和研发地均不是合同履行地,争议标的为给付货币的,接受货币一方所在地为合同履行地;(2)X在本案中的诉讼请求与Y在英国案件中的诉讼请求存在重合;(3)英国法院是管辖本案更适宜的法院。2020年8月21日,最高院作出二审裁定。

判决要旨

最高院驳回上诉，维持一审管辖权异议裁定。

评 析

一、裁定思路

最高院经审理认为，本案系标准必要专利许可纠纷，其管辖权异议二审阶段的主要争议焦点为：(1)中国法院对本案是否有管辖权；(2)原审法院对本案行使管辖权是否适当；(3)本案是否应该驳回起诉，告知原告向更方便的外国法院起诉。

就中国法院对本案的管辖权而言，最高院认为：(1)Y 系在中国境内没有住所和代表机构的外国企业，针对这类被告提起的涉外民事纠纷案件，中国法院是否有管辖权取决于该类纠纷与中国是否存在适当的联系。(2)标准必要专利许可纠纷是一类特殊的纠纷，兼具专利侵权纠纷和合同纠纷的某些特点，判断这一特殊纠纷是否与中国存在适当联系，可以考虑许可标的所在地、专利实施地、合同签订地、合同履行地等是否在中国境内，只要前述地点之一在中国境内，则应认为该案件与中国存在适当联系，中国法院对该案件具有管辖权。(3)本案的许可标的为中国标准必要专利，作为许可标的的专利实施地也在中国，中国法院对本案具有管辖权。

关于标准必要专利许可纠纷应由中国哪个法院管辖的问题，最高院认为：可以根据具体情况考虑许可标的所在地、专利实施地、合同签订地、合同履行地等连结点。在本案中，X 位于深圳市，产品研发地、生产地属于专利实施地，因此原审法院以此确定本案管辖权并无不当。由于本案中双方尚未达成许可协议，故不宜将合同履行地作为案件管辖连结点。

关于不方便法院原则的适用问题，最高院认为，依据《最高人民法院关于适用〈中华人民共和国民事诉讼法〉的解释》（以下简称《民诉法司法解释》）第 533 条第 1 款的规定，即便某个案件的平行诉讼正在外国法院审理，只要中国法院对该案具有管辖权,外国法院的平行诉讼原则上不影响中国法院对该案的受理。另外,依据《民诉法司法解释》第532条的规定,适用不方便法院原则还必须同时满足六个条件:(1)被告提出案件应由更方便法院管辖的请求,或者提出管辖异议;(2)当事人之间不存在选择中华人民共和国法院管辖的协议;(3)案件不属于中华人民共和国法院专属管辖;(4)案件不涉及中华人民共和国国家、公民、法人或者其他组织的利益;(5)案件争议的主要事实不是发生在中华人民共和国境内,且案件不适用中华人民共和国法律,人民法院审理案件在认定事实和适用法律方面存在重大困难;(6)外国法院对案件享有管辖权,且审理该案件更加方便。本案不能同时符合上述6个条件。另外,X的经营收入60%来自中国,来自英国的经营收入占比不足0.1%,X所可能支付的许可费必然主要基于其在中国境内实施Y标准必要专利组合的行为,故本案与中国具有更密切的联系,由中国法院审理更为便利。

二、标准必要专利许可条件纠纷案件管辖权问题的特殊性

近年来,我国法院受理的标准必要专利许可条件纠纷案件数量呈上升趋势,标准必要专利许可条件纠纷案件的管辖权确定问题也成为学界和业界普遍关注的热点问题。

标准必要专利许可条件纠纷的管辖权确定具有一定的特殊性,这主要体现在:

1. 标准必要专利许可条件纠纷具有特殊性;在司法实践中,当事人向法院提起标准必要专利许可纠纷诉讼的时间往往是在双方谈判过程中,此时双方尚未就有关标准必要专利组合达成合同,而且不同于一般的专利许可谈判,标准必要专利的权利人向标准化组织做出过FRAND许可声明,使标准实施人对标准必要专利权利人产生了信赖利益,相信标准必要专利权利

人会按照 FRAND 许可声明的内容与自己进行有关许可谈判。基于这两方面的因素，标准必要专利许可条件纠纷不是典型的合同纠纷。另外，虽然在标准必要专利许可条件纠纷案中，法院可能需要对有关专利的有效性、必要性以及标准实施人是否真正实施了专利进行判断，但是这类纠纷的核心诉讼请求并不是专利权人请求法院确认侵权成立和判断侵权损害赔偿，而是谈判双方或一方请求法院确认未来双方达成的许可协议应包含怎样的许可条件才符合 FRAND 许可原则。因此，这类纠纷案件也非典型的侵权纠纷案件。鉴于此，对这类案件管辖权的确定既不能单纯地遵照合同纠纷的管辖规则，也不能完全套用专利侵权纠纷的管辖规则。

2. 标准必要专利许可条件纠纷所涉事实往往覆盖多个国家和地区，因此可能出现多个管辖连结点：特别是在全球实施统一标准的蜂窝通信技术和 WiFi 技术等领域中，专利权人可能在多个国家和地区进行专利布局，而标准实施人也在多个国家和地区从事研发、生产等，其专利实施行为可能覆盖多个国家和地区。因此，可能会有多个国家或地区都或多或少与相关标准必要专利许可纠纷存在一定的联系，这也是在客观上导致此类诉讼跨司法辖区平行诉讼多、管辖权争议多的原因之一。

因此，任何受理标准必要专利许可条件纠纷的法院，都必须面对如何构建符合标准必要专利许可条件纠纷特点的、逻辑周延的、有说服力的管辖权规则的问题。对这一问题的探索和解决也将有助于协调跨司法辖区平行诉讼案件关系、提升本国司法裁判说服力。

构建适用于标准必要专利许可条件纠纷案件的管辖权规则应注意以下几个问题：(1)该规则的构建应以最有利于查清案件事实为出发点，就确定标准必要专利许可条件而言，法院最需要查清的事实主要包括：谈判所涉专利组合的质量情况（对该专利组合中核心专利的有效性、必要性和是否实施这些专利的判断）；双方谈判过程及相关许可报价（包括对许可报价计算依据的解释)以及对确定许可条件有实质性意义的专利实施行为情况。围绕对查清案件来说具有决定性意义的因素构建管辖权规则才能真正确保法院后续能够查清事实,顺利推进案件的审理。(2)该规则中的管辖连结点应该是真实的、具有实质性意义的,即不是为了构建管辖权而人为制造的、单一的管辖连结点,而且确立管辖权的连结点对确定案件争议的许可条件而言具有实质性的意义。(3)该管辖规则所考量的连结点与各国法院对类似案件管辖连结点的考量相互契合,其规则本身逻辑周延,具有说服力。

三、裁定的价值参考

本裁定的意义在于:第一,在本案中最高院首次明确,标准必要专利许可条件纠纷为兼具侵权纠纷和合同纠纷部分特征的一类特殊纠纷,受此裁定影响,2020 年 12 月 29 日,最高院发布《关于修改〈民事案件案由规定〉的决定》,正式在民事法律纠纷案由中增设“标准必要专利使用费纠纷”案由;第二,在本案中,最高院初步建立了中国法院关于标准必要专利许可条件纠纷的管辖规则,将许可标的所在地、专利实施地、合同签订地、合同履行地等作为管辖连结点,为日后的同类案件的管辖权确定提供了一定指引;第三,在本案中,最高院重申了不方便法院原则适用的条件,并通过对比不同市场营收数额来说明如何在与标准必要专利许可谈判有一定联系的多个法院之间选择具有更紧密联系的法院作为审理案件更方便的法院。

关于标准必要专利许可纠纷案件的受理与管辖,还有一系列值得进一步研究的问题:(1)在本案中,最高院虽然将标准必要专利许可条件纠纷定义为“兼具侵权纠纷和合同纠纷”的特殊纠纷,但没有阐明当事人请求法院裁判标准必要专利许可条件的请求权基础是什么?最高院《关于审理侵犯专利权纠纷案件应用法律若干问题的解释(二)》第 24 条第 3 款将“充分协商”作为当事人请求人民法院确定许可条件的前提,但是司法实践中如何把握“充分协商”的前提条件？这一问题在目前的司法实践中并没有得到解决，而这与我们对当事人请求法院裁判标准必要专利许可条件的请求权基础研究尚待加强有直接关系。(2)在本案中，最高院将专利实施地作为对标准必要专利许可条件纠纷案件的管辖连结点之一，在专利侵权诉讼中研发、制造、销售、许诺销售、进口等行为都是专利实施行为，但是并不是所有上述专利实施行为都与标准必要专利许可合同的达成有直接的、实质性的关联。如前文所述，构建标准必要专利许可条件纠纷管辖规则的出发点在于有利于法院查清案件事实，因此应该结合有关许可谈判情况、双方过往协议和正在协商协议的具体条款、行业惯例等，选择对解决许可条件纠纷来说具有真正实质性影响的管辖连结点，而不能简单套用专利侵权诉讼的管辖连结点，特别是不能以单个的、没有实质性联系的“实施行为”作为建立管辖权的依据。(3)本案原告的诉讼请求是请求裁判中国区的 FRAND 许可条件，限于裁判的许可标的，中国法院当然具有管辖权；但是，如果原告请求裁判全球 FRAND 许可条件，就会涉及裁判范围和管辖权判断的关系问题。关于中国法院是否适宜裁判某具体案件中全球 FRAND 许可条件的问题究竟是应该在实体审理阶段解决还是应在管辖权异议阶段解决？为确定裁判范围，法院又应该查明和权衡哪些因素？这些因素的举证应由哪方当事人承担？在当事人一方请求裁判全球费率且该全球许可涉及多个国家和地区时，是遵从“适当联系原则”还是“最密切联系原则”？对诸多连结点应该怎样进行权衡分析才能确定裁判范围？目前，在如 OPPO 诉夏普案、三星诉爱立信案的管辖权异议中已经出现了这些问题，值得我们进行深入研究。

015

重复侵犯专利权损害赔偿数额的认定规则 / 施小雪

中山品创塑胶制品有限公司与源德盛塑胶电子(深圳)有限公司、刘某侵害实用新型专利权纠纷案 / **最高人民法院民事判决书,(2020)最高法知民终357号**

事实概要

源德盛塑胶电子(深圳)有限公司(一审原告、二审被上诉人,以下简称X)专利号为ZL201420522729.0,专利名称为“一种一体式自拍装置”实用新型专利(以下简称涉案专利)的专利权人。广州知识产权法院在一审中判决认定中山品创塑胶制品有限公司(一审被告、二审上诉人,以下简称Y)制造、销售了侵犯X涉案专利的产品,构成专利侵权行为,并判决其承担X经济损失及合理开支共计100万元。Y不服广州知识产权法院作出的一审民事判决,向最高人民法院提起上诉。

Y的上诉理由为:(1)本案属于重复诉讼,涉案专利是在前已判决侵权案件中的库存产品,X没有新的制造行为。前案判决后,X并未对Y在该案中的库存产品申请强制执行予以销毁,在本案中,X公证购买的被诉侵权产品仍是前案中的剩余库存产品,并非Y新制造的产品。本案与前案公证取证的产品相同,只是公证书编号不同,Y在本案中被诉的侵权行为也是前案中尚未执行停止的行为,本案是前案的后续,是前案没有执行完毕的部分。如X认为Y在前案判决生效后未履行判决书中所确定的义务,应当向法院申请强制执行,而不是另行提起诉讼。(2)原审判决赔偿的金额过高,远超合理范围。本案的被诉侵权行为其实仍属于前案未执行完毕的部分。Y也未在公开渠道宣传销售，影响极小，涉案专利售价低于成本价，Y 实质是以亏本价格清理最后的库存，并无获利。

判决要旨

最高人民法院驳回上诉，维持原判。

关于本案是否属于重复诉讼以及 Y 是否实施了新的制造行为的问题，二审法院认为，根据 X 提交的公证书记载，Y 在本案中一共销售了 4 款不同的被诉侵权产品，而 Y 在其诉称的在前已判决侵权案件中，仅有 1 款侵权产品。同时，Y 的销售人员陈某在微信聊天中发送过涉案专利生产组装的视频，并明确表示其有制造行为。因此，本案不属于重复诉讼，Y 实施了新的制造、销售涉案专利的行为。

关于一审法院认定的损害赔偿数额是否过高的问题，二审法院认为，在综合考量本案涉案专利权稳定性的基础上，Y 作为侵权行为的源头即制造者，故意侵权、重复侵权的行为已严重侵害了 X 享有的涉案专利权，应当在法律规定的幅度内从高确定法定赔偿数额，一审法院酌定的损害赔偿数额并无不当，符合我国《专利法》的规定。

评　析

一、典型意义

本案的典型意义在于，阐明了专利权重复侵权行为之损害赔偿数额的认定规则。对于重复实施侵害专利权的行为，二审法院在本案中指出，在酌定损害赔偿数额时要考量三个因素：权利类型及稳定性、侵权行为的性质、侵权行为的情节。

权利类型及稳定性是进行损害赔偿数额认定的基础。损害赔偿数额的确定要兼顾科技创新成果的创新高度和贡献程度。一般认为，发明专利经过实质审查程序，具有较高的创造性要求。相较于实用新型及外观设计专利，发明专利的创新高度和贡献程度更高，应给予更高的损害赔偿数额。在本案中，涉案专利虽然是实用新型专利，但其历经了多次无效宣告请求审查程序，权利状态稳定，综合考量涉案专利的创新性和社会贡献，二审法院依然在较高的数额范围内进行了裁量。在确认了权利类型及稳定性的前提下，侵权行为的性质和侵权行为的情节是后续裁量损害赔偿数额的核心因素。

侵权行为的性质主要与行为的危害程度或造成的损害后果相关，如区分制造行为和销售行为的不同属性，即因为制造行为处于侵权行为的源头环节，是造成市场无序竞争、权利受损的直接原因。因而，对制造行为的法律评价应当更为严厉。在本案中，二审法院认为，就 Y 侵权行为的性质而言，Y 不仅实施了销售被诉侵权产品的行为，而且实施了制造行为，系被诉侵权产品的制造者，处于侵害知识产权行为的源头环节。同时，Y 会根据客户的不同需求，在侵权产品上印制不同客户标识，此种制造行为，一方面加大了权利人依法维护其专利权的难度、增加了权利人的维权成本，另一方面也给部分销售终端带来困扰。Y 的这种制造行为，对权利人权利的损害程度较大，对市场的影响也较大，因此，应当在较高的裁量范围内酌定损害赔偿数额。

对于侵权行为的情节考量，实质是对侵权人主观状态的评价。重复侵犯专利权的行为即一种具有严重故意的恶意侵权行为。对于这种主观恶性较大的侵权行为，应当在法律规定的范围内从高确定损害赔偿数额，以体现法律的威慑性，有利于遏制侵权行为的再度发生。2021 年 6 月 1 日实施的新《专利法》增加了惩罚性赔偿的规定，即对故意侵犯专利权，情节严重的，人民法院可以按照权利人受到的损失、侵权人获得的利益或者专利许可使用费倍数计算的数额 1 ~ 5 倍确定赔偿数额。在本案进行裁判时，新《专利法》还未实施，因而二审法院依照当时《专利法》判赔数额的上限 100 万元进行了裁判。具体到本案,二审法院认为,在本案诉讼前,Y 已经历两次因涉案专利而被提起的民事侵权诉讼,且前案生效民事判决已明确指出:前案已结,Y 理应清楚专利技术方案的具体内容,对自身相关产品及时采取措施,其不仅未停止相关侵权行为,反而以自营店铺相关产品的销售信息的修改印证其侵权的主观恶意。在上述情况下,Y 仍然继续实施了制造、销售侵害同一专利权产品的行为,并制造、销售了多款侵权产品。Y 主观侵害涉案专利权的故意非常明显,其重复实施侵害涉案专利权的行为属于侵权情节严重的情形无疑。

综上,在权利类型和稳定性得到确认的基础上,对于重复侵害专利权的行为,人民法院在确定损害赔偿数额时,应当区分侵权行为的性质,对制造行为和销售行为进行不同程度的评价,以合理确定侵权人应当承担的法律责任,并且积极引导专利权人从侵权产品的制造环节制止侵权行为。而在侵权行为情节认定方面,如果侵权人已被生效判决认定其实施的相关行为侵害他人专利权后,仍继续实施侵害该专利权相关行为的,应当认定该侵权人具有恶意侵害他人专利权的故意。对于此种主观恶性较大的行为,应当在法律规定的范围内从高确定损害赔偿数额。

二、延伸说明的其他问题

值得说明的是,本案二审法院还对权利人 X 的维权行为进行了指导。在本案中,侵权人 Y 构成重复侵权,权利人 X 也在全国多次提起维权诉讼,二审判决书中写道,2019 年以来,以 X 为原审原告,上诉至本院的侵害同一专利权纠纷案件已近 150 件。尽管 X 属于正当、合法维权,但是维权的目的应以制止侵权为第一目标,而非不断针对市场中识别能力较弱、危害程度较低的终端销售商进行诉讼。从源头进行维权是杜绝侵权产品在市场不断出现的最好办法。否则,反复、批量的诉讼只会导致侵权行为屡禁不止,并增加司法的诉累。二审法院在判决书的最后,对 X 近年来的维权行为进行了评价。二审法院指出,X 近年来在全国范围内的诉讼,大量针对的是终端销售商,且在提起诉讼前并未对其发出侵权警告等通知。X 作为专利权利人,应当认识到溯源维权对其保护专利权的必要性和重要性,从源头制止侵权才是维权的主要目标。在相关销售者提出合法来源抗辩成立的情况下,X 应当根据合法来源的线索寻求上游侵权者,尽可能地向上游制造者主张权利。

在本案中,二审法院在评价侵权人重复侵权行为的同时,也对当前在审判实践中常见的知识产权批量维权现象进行了回应,为当前诸多的批量维权主体提供了行为指引。批量维权虽然并不违反法律规定,但其并不能够高效地实现保护知识产权的终极目标。提高知识产权损害赔偿数额是为了激励创新,而不是激励权利人通过诉讼牟利,用高效的方式保护权利、打击侵权,才能够真正实现保护知识产权的制度初衷。

016

专利侵权损害赔偿中贡献率的认定规则 / 施小雪

深圳光峰科技股份有限公司与创造者社区(广州)有限公司侵害发明专利权纠纷案/最高人民法院民事判决书,(2019)最高法知民终833号

事实概要

本案涉案专利为"基于荧光粉提高光转换效率的光源结构"的发明专利(以下简称涉案专利),专利号为ZL200810065225.X,深圳光峰科技股份有限公司(一审原告、二审被上诉人,以下简称X)是涉案专利的专利权人。本案涉案专利产品为一种激光投影设备,以涉案专利技术方案制造出的是该激光投影设备的零部件。一审法院查明,创造者社区(广州)有限公司(一审被告、二审上诉人,以下简称Y1)未经X许可,制造、销售、许诺销售了涉案专利产品,深圳市超网科技有限公司(一审被告,以下简称Y2)未经许可销售了涉案专利产品。一审法院认为,X系该发明专利的专利权人,具有诉讼的完整权利,其自愿选择涉案专利之权利要求1、2、4、5、6作为其诉讼的专利保护范围,符合法律规定。经比对,被诉侵权产品落入X涉案专利权利要求1、2、4、5、6的保护范围,Y1构成了制造、销售、许诺销售涉案专利的侵权行为,Y2构成了销售涉案专利的侵权行为,均应当承担停止侵权的责任。在损害赔偿数额的认定上,一审法院综合考虑Y1的生产销售规模、激光投影设备的毛利情况、涉案专利在产品中的整体贡献度以及在一审审理期间其还在继续销售和许诺销售的事实,X的实际维权费用以及就各款侵权产品分为两个专利权进行诉讼的情况,判决Y1赔偿X人民币150万元。因Y2证明了所销售的涉案专利产品具有合法来源,故不承担赔偿责任。

一审判决后,Y1 不服提起了上诉。上诉理由为:(1)一审判决存在重大程序瑕疵。一审判决引用了另案司法鉴定意见对涉案相关事实问题作出了认定,该司法鉴定意见未经质证,程序违法;一审判决多处引用并非涉案产品特征的信息及另案民事判决书,对相关事实问题作出认定。(2)一审判决所依据的检测报告在内容上存在遗漏,涉案专利产品未落入权利要求的保护范围。(3)涉案专利产品来自案外人,Y1 并未从事涉案专利产品的生产行为,Y1 合法来源的抗辩成立,不应当承担赔偿责任。(4)X 所提交的损害赔偿相关证据不能证明 Y1 的获利,且其合理开支证据明显不具有关联性及合理性。即使依据酌定裁量的方法确认损害赔偿,一审判决所确定的损害赔偿数额也明显畸高。

判决要旨

二审法院部分改判。

关于一审是否存在重大程序瑕疵的问题,基于对涉案专利技术特征的理解,法院援引经提示的生效判决和相关鉴定意见,用于说明在不同案件中对同一涉案专利技术特征的解释相同,并无不当。法院引用并非涉案产品特征的信息,对理解涉案专利产品的技术特征有参考价值。Y1 关于一审存在重大程序瑕疵的上诉主张不能成立,不予支持。

关于被诉侵权产品是否落入涉案专利保护范围的问题,一审判决认定,被诉侵权产品技术方案落入涉案专利保护范围的事实清楚,证据确凿,予以确认。

关于 Y1 是否构成制造侵权的问题,在通常情况下,在产品上载明为生产商的主体,无论其系自行生产制造还是委托他人代为加工,对外均需承担制造商的责任。在本案中,Y1 与代工企业之间以购销方式获得涉案产品并结算价款,但 Y1 参与分摊研发费用,参与技术方案设计。且涉案产品及包装上有 Y1 名称信息，使用品牌标识，已足以认定涉案产品系 Y1 制造及对外销售。一审判决认定 Y1 制造、销售并无不当，Y1 关于不构成制造侵权的上诉理由不能成立，不予支持。

关于损害赔偿数额的认定问题，一审法院以 X 主张的 Y1 官网宣传价格为销售价格计算损失赔偿额不当，应以 Y1 提交的专项审计报告数据为基础，针对部分极低、负利润产品利润率予以调整，以正常反映权利人因被侵权所受到的实际损失。同时，考虑涉案专利及其价值对激光投影机整机产品利润的贡献率，酌情确定本案的损失赔偿额。Y1 关于损害赔偿认定的上诉主张成立，二审予以部分支持，改判 Y1 赔偿 X 经济损失 54, 490. 88 元，诉讼合理开支 184, 048 元，共计 238, 538. 88 元。

评　析

本案二审判决对一审判决进行了部分改判，改判的部分涉及损害赔偿数额的调整，是本案值得关注的问题之一。本案以侵权人的侵权获利为依据确定损害赔偿数额，二审判决认为，在计算赔偿数额时，在确定了侵权人的营业利润或者销售利润后，还需要考虑涉案专利对整体产品利润额的贡献度，以涉案专利技术在整体产品中所占价值比重，核算和确定专利侵权损害赔偿数额。即在专利损害赔偿中要进行专利贡献率的认定，因为在产品上覆盖多个专利的情况下，产品的全部利润并非来自某一项专利技术，各项专利技术均对产品的全部利润进行了分摊，在计算损害赔偿数额时，实际要计算出这一分摊的利润。

一、专利贡献率的规范依据

我国现行《专利法》还未对专利贡献率进行明确规定，专利贡献率可见于相关司法解释、规范性文件的规定中。

2009 年，最高人民法院在《关于审理侵犯专利权纠纷案件应用法律若干问题的解释》第 16 条规定，“侵犯发明、实用新型专利权的产品系另一产品的零部件的，人民法院应当根据该零部件本身的价值及其在实现成品利润中的作用等因素合理确定赔偿数额。侵犯外观设计专利权的产品为包装物的，人民法院应当按照包装物本身的价值及其在实现被包装产品利润中的作用等因素合理确定赔偿数额”。该条被认为是关于专利贡献率的规定，确定了在认定专利侵权损害赔偿数额时，应当考量专利贡献率。

我国一些地方法院也出台了相关规范性文件，就专利贡献率的考量进行了明确。例如，在 2005 年，江苏省高级人民法院出台了《关于知识产权侵权损害赔偿适用定额赔偿办法若干问题的指导意见》，该意见第 10 条规定，“产品部件构成专利侵权的，在确定赔偿数额时，应当考虑该部件在整个产品中所起的作用。体现成品的技术功能和效果的关键部件侵犯他人专利权的，可以参考整个产品的利润并结合其他因素合理确定赔偿数额。在整个产品中只起辅助性作用的一般零部件侵犯他人专利权的，可以参照该部件本身的价值及其在实现整个产品利润中所起的作用等因素合理确定赔偿数额”。同时，该意见第 11 条也规定，包装物侵犯他人外观设计专利权的，一般应当参照该包装物本身的价值及其在实现被包装产品利润中所起的作用等因素合理确定赔偿数额。包装物如果系吸引一般消费者购买该产品的主要因素，并且与被包装产品在销售时不可分离的，可以参照被包装产品的利润合理确定赔偿数额。

上述规范均明确了专利侵权损害数额认定时应考虑专利贡献率，但是如何考量并无更加细化的规则。在司法实践中，不同的法院对这一问题进行了探索，如本案的二审法院就对专利贡献率的具体考量进行了精细化阐释。

二、专利贡献率的具体考量

本案二审判决明确，在本案中，具体确定涉案专利及其价值对整机产品利润的贡献率时，需要考虑三方面因素：一是被诉整机产品本身的价值；二是涉案专利价值；三是以涉案专利技术方案制造的产品组件在实现激光投影机整体产品利润率中的贡献度。最终侵权获利的计算公式为：侵权获利＝营业利润或销售利润×专利贡献率。

二审法院在判决书中对上述三个因素进行了解释。第一，被诉整机产品本身的价值对于制造者、销售者和用户均不同。因此，在认定不同主体的损害赔偿责任时，产品价值的计算应当有所区分。第二，涉案专利的价值。专利价值评估指标体系包括技术、法律和市场三个维度，三个维度中各自有不同的考量指标，技术、法律维度的指标相对清晰，而市场维度的指标可能难以满足评价专利价值的需要，往往是实践中的难点。第三，以涉案专利技术方案制造的产品组件在实现整体产品利润中的作用，需要充分的证据证明，在证据不充分的情况下，这一作用也难以进行精确的评价。

在本案中，上述第二个、第三个因素均难以确定，因而二审法院采用了新的方法计算专利贡献率。二审法院计算的方法为，以当事人均确认的涉案产品的销售卖点（技术亮点）为依据，以涉及涉案专利技术及其价值的销售卖点占全部销售卖点的比重，确定涉案专利技术及其价值在实现整体产品利润中的贡献度。具体到本案中，二审法院依照 X 的主张，认定涉案产品的平均销售卖点为 10 项，涉案专利和另案专利涉及 3 项销售卖点。因此，涉案专利技术和另案专利技术的销售卖点所占比重为 1/3，即涉案专利技术和另案专利技术的专利贡献率为 1/3。平摊到本案中，涉案专利技术的专利贡献率应为 1/3 的一半，即 1/6。X 销售涉案产品的获利额应计算为：获利额＝整体产品获利额×1/6。X 整体产品获利额二审法院计算为 326, 945. 29 元，因此,X 销售涉案产品的获利额为 326,945.29 元 × 1/6 = 54,490.88 元。据此,二审法院对一审法院认定的损害赔偿数额进行了大幅下调。

专利贡献率的计算是一个难点问题,因存在模糊性而并未有固定的计算方法。在具体的案件中,法院可以根据个案情况,选择采取评估鉴定、法院酌定、推定计算等方法。在本案中,二审法院实际采取了推定计算的方式,将涉案专利销售卖点占整体产品销售卖点的比重推定为专利贡献率,从而计算出最终的损害赔偿数额。本案的典型意义之一在于,二审法院在损害赔偿数额的认定理由上,进行了精细化阐述,为后续类似案件的审理提供了指引。知识产权侵权的损害赔偿数额计算一直是审判实践的难点问题,大多数的判决书对损害赔偿数额的认定都较为简单,本案二审判决对一审判决认定的损害赔偿数额进行了调整,同时详细说明了调整的事实及法律依据,说理充分,具有可借鉴之处。

专利行政案件

017

多个数值范围技术特征共同限定的权利要求得到说明书支持的判断 / 管荣齐

任某某、孙某与苹果电脑贸易(上海)有限公司、苹果电子产品商贸(北京)有限公司、国家知识产权局等发明专利无效行政纠纷案 / **最高人民法院行政判决书,(2020)最高法知行终406号、407号**

事实概要

涉案专利为一种“二次锂离子电池或电池组、其保护电路以及电子装置”的发明专利,任某某、孙某(一审第三人、二审上诉人,以下简称X)系涉案专利专利权人,涉案专利共有14项权利要求,其中,权利要求1限定了一种“提高二次锂离子电池或电池组的容量、平均工作电压和比能量的方法”,权利要求5限定了一种“二次锂离子电池或电池组”,其特征都是“对该单体锂离子电池的充电限制电压大于4.2V,但不超过5.8V,单体锂离子电池的正、负极的配比按充电限制电压为4.2V时的理论克容量计算在1∶1.0～1∶2.5”;权利要求2～4是权利要求1的从属权利要求,权利要求6～12是权利要求5的从属权利要求。[1]

针对涉案专利,苹果电脑贸易(上海)有限公司、苹果电子产品商贸(北京)有限公司(一审原告、二审被上诉人,以下简称Y)向国家知识产权局提出无效宣告请求。国家知识产权局于2019年4月15日作出涉案专利无效宣告请求审查决定(以下简称涉案专利无效决定),认定涉案专利说明书给

〔1〕 参见中国发明专利“二次锂离子电池或电池组、其保护电路以及电子装置”(01141615.7)权利要求书。

出了充电限制电压在4.2V～5.8V以及正负极配比在1∶1.0～1∶2.5的实施例，并且也说明了这两个参数的关系，还记载了首次过充保护电压和过充保护释放电压的数值范围及其设定原因，所属领域普通技术人员据此以及所掌握的普通技术知识，能够合理概括得出涉案专利权利要求1～5、9～12限定的保护范围，因而涉案专利权利要求1～12能够得到说明书的支持，符合我国《专利法》第26条第4款的规定。[1]

Y对涉案专利无效决定不服，向北京知识产权法院（以下简称北京知产法院）提起行政诉讼。北京知产法院一审认定，涉案专利说明书内容体现充电限制电压与单体锂离子电池的正、负极的配比必须有一定的对应关系，而权利要求1的限定却显示单体锂离子电池的正、负极的配比1∶1.0～1∶2.5对于大于4.2V但不超过5.8V的充电限制电压具有普适性，所属领域普通技术人员并不能从说明书充分公开的内容中概括得出权利要求1、5的技术方案，故权利要求1～12得不到说明书的支持，不符合我国《专利法》第26条第4款的规定。[2]

X对北京知产法院一审判决不服，向最高人民法院知识产权法庭（以下简称最高院知产法庭）提起上诉，其主要理由是：（1）北京知产法院一审判决使用涉案专利说明书中位于不同位置、用于说明不同技术要旨的内容，错误地解读了说明书中的记载；（2）北京知产法院一审判决认定事实错误，未充分考虑涉案专利的技术背景、技术课题、解决该课题的技术手段以及说明书中记载的全部实施例，在脱离了说明书的情况下理解权利要求的范围。

---

〔1〕 参见国家知识产权局第39951号无效宣告请求审查决定书。

〔2〕 参见北京知识产权法院行政判决书，（2019）京73行初9592号、（2019）京73行初9594号。

判决要旨

最高院知产法庭二审判决，撤销北京知产法院一审判决，驳回 Y 的诉讼请求。

最高院知产法庭二审判决认为，以多个数值范围技术特征共同限定保护范围的专利权利要求，如果所属领域普通技术人员通过阅读说明书可以确定各数值范围技术特征之间存在相互对应关系，能够通过有限次实验得到符合发明目的的具体实施方式，而且无须通过过度劳动即可排除不能实现发明目的的技术方案的，应当认为该权利要求能够得到说明书支持。

涉案专利权利要求 1 包含了“充电限制电压大于4.2V，但不超过5.8V”及“正负极配比按充电限制电压为 4.2V 时的理论克容量计算在 1∶1.0～1∶2.5”两组不同的数值范围技术特征，却未就该两组数值范围技术特征之间的关系予以明确说明。但是，所属领域普通技术人员通过阅读涉案专利说明书中“发明内容”部分关于实现涉案专利发明目的的手段系“通过提高充电限制电压，并适当调整单体锂离子电池的正、负极的配比”的记载，以及涉案专利说明书给出的实施例及其“当充电限制电压提高到 4.45V 以上后，随着该电压和正负极配比值的提高，可继续提高电池容量、工作电压和重量比能量”的启示等内容，可以明确得出涉案专利权利要求 1 所包含的两组数值范围技术特征之间具有相互对应关系，即充电限制电压提高到 4.2V 以上但不超过 5.8V，正负极配比按充电限制电压为 4.2V 时的理论克容量计算限制在 1∶1.0～1∶2.5，且当充电限制电压大于 4.45V 时正负极配比要随着充电限制电压的升高而升高。

在此基础上，所属领域普通技术人员结合涉案专利申请时“电池循环 300 次容量保持在 60% 即可满足相关行业对电池循环性能的要求”的公知常识，根据涉案专利说明书及其实施例给出的指引和启示便可判断出符合涉案专利发明目的的具体实施方式，并在采取常规的实验手段及有限次的试验情况下便可排除不能实现涉案专利发明目的的技术方案，即无须通过过度劳动便可清楚认识到涉案专利权利要求1包含的两组数值范围技术特征在其对应关系之外的其他数值范围并非涉案专利权利要求1所要保护的内容。因此，涉案专利权利要求1能够得到说明书的支持。同理，涉案专利权利要求5也能够得到说明书的支持。在涉案专利权利要求1、5能够得到说明书支持的基础上，涉案专利权利要求2～4、6～12亦能够得到说明书的支持。综上，涉案专利权利要求1～12能够得到说明书的支持，符合我国《专利法》第26条第4款的规定，故北京知产法院一审判决适用法律错误，应予撤销；涉案专利无效决定结论正确，应予维持。

评 析

一、典型意义

本案系判断多个数值范围技术特征共同限定的权利要求得到说明书支持的典型案例，是最高院知产法庭2020年审结的2787件技术类知识产权案件中，精选出的55个典型案例、提炼成的46条裁判规则之一。[1] 本案明确了以多个数值范围技术特征共同限定保护范围的权利要求能否得到说明书支持的判断标准，即如果所属领域普通技术人员通过阅读说明书可以确定各数值范围技术特征之间存在相互对应关系，能够通过有限次实验得到符合发明目的的具体实施方式，而且无须通过过度劳动即可排除不能实现发明目的的技术方案的，应当认为该权利要求能够得到说明书支持。此项裁判规则的明确，对于保障专利制度激励创新、促进新兴产业发展具有重要意义。[2]

---

〔1〕 参见《〈最高人民法院知识产权法庭裁判要旨(2020)〉》，载《人民法院报》2021年2月27日，第2版。

〔2〕 参见最高人民法院：《知识产权法庭2020年10件技术类知识产权典型案例案情简介》，载中华人民共和国最高人民法院网2021年2月26日，http://www.court.gov.cn/zixun-xiangqing-288071.html。

二、关于权利要求得到说明书支持的判断

根据我国《专利审查指南》第2部分第2章3.2.1的规定,权利要求得到说明书的支持是指权利要求书中每一项权利要求的技术方案,所属领域普通技术人员能够从说明书充分公开的内容中得到或概括得出,并且不得超出说明书公开的范围。由此,权利要求得到说明书支持的判断,应当以说明书充分公开的内容为基础,以说明书公开的范围为界限。

首先,权利要求得到说明书支持的判断,应当以说明书充分公开的内容为基础。根据我国《专利审查指南》第2部分第2章2.1的规定,说明书应当清楚地记载专利保护的技术方案,详细地描述实现专利的具体实施方式,完整地公开对理解和实现专利必不可少的技术内容,达到所属领域普通技术人员能够实现的程度。

其次,权利要求得到说明书支持的判断,应当以说明书公开的范围为界限。根据我国《专利审查指南》第2部分第2章3.2.1的规定,说明书公开的范围涵盖说明书的全部内容,包括说明书记载的内容(含给出的具体实施方式)、说明书没有记载而原始权利要求书记载的内容、所属领域普通技术人员合理预测的具备相同性能或用途的等同替代或明显变型的实施方式。

三、关于多个数值范围技术特征共同限定的权利要求

关于多个数值范围技术特征共同限定的权利要求,可以将其中每个数值范围技术特征看作该数值范围内任意具体的数值点或更小的数值范围的集合。由此,多个数值范围技术特征共同限定的权利要求可以看作该权利要求含有多个技术特征(数值范围),而每个技术特征又存在多种选择(该数

值范围内的多个具体的数值点或更小的数值范围）。[1]

当权利要求含有多个技术特征、存在多种选择时，应当根据所属技术领域中技术效果的可预见性水平，以及多个技术特征及其多种选择之间是否紧密相连、一一对应，判断该权利要求构成能够实现发明目的的技术方案情况。对于机械、电学等技术效果可预见性水平较高的技术领域，权利要求的多个技术特征及其多种选择之间不是紧密相连、一一对应的，通常认为，该权利要求的每个技术特征的每种选择都可以构成能够实现发明目的的技术方案。对于化学、生物等技术效果可预见水平较低的技术领域，权利要求的多个技术特征及其多种选择是紧密相连、一一对应的，则该权利要求的每个技术特征的每种选择并非都构成能够实现发明目的的技术方案。[2]

四、关于多个数值范围技术特征共同限定的权利要求得到说明书支持的判断

如前所述，权利要求得到说明书支持的判断，应当以说明书充分公开的内容为基础，以说明书公开的范围为界限，除依据说明书记载的技术方案、给出的具体实施方式外，还要考虑实现发明目的必不可少的技术内容、所属领域普通技术人员合理预测的实施方式。多个数值范围技术特征共同限定的权利要求，其所属技术领域中技术效果的可预见性水平高低，其多个技术特征及其多种选择之间紧密相连、一一对应与否，决定其构成能够实现发明目的的技术方案的情况。

基于此，多个数值范围技术特征共同限定的权利要求得到说明书支持

---

〔1〕 参见石继仙、朱科：《新颖性判断中的多个数值范围问题——由实际案例探析当多个数值范围与对比文件部分重叠时权利要求的新颖性判断标准和方法》，载《中国发明与专利》2012年第2期。

〔2〕 参见王亭亭、田涛：《浅谈修改超范围在存在多个数值范围的专利申请中的适用》，载《法制博览》2020年第17期。

的判断,应当站在所属领域普通技术人员的角度,依据说明书的记载及其现有相关技术或公知常识(含普通技术知识和常规实验手段,下同),[1]从该权利要求的每个技术特征的每种选择出发,认定其多个数值范围技术特征之间是否紧密相连、一一对应。如果权利要求的多个数值范围技术特征之间不是紧密相连、一一对应的,由于其每个技术特征的每种选择都构成能够实现发明目的的技术方案,只要每个数值范围的两个端值在说明书中有记载或者为所属领域普通技术人员从相关现有技术或公知常识中能够得到或概括得出,则该权利要求就能得到说明书支持。[2] 如果权利要求的多个数值范围技术特征之间是紧密相连、一一对应的,由于其每个技术特征的每种选择并非都构成能够实现发明目的的技术方案,在依据说明书的记载及其相关现有技术或公知常识排除掉不能实现发明目的的技术方案以后,该权利要求才能得到说明书支持。

在本案中,所属领域普通技术人员通过阅读涉案专利说明书及其实施例给出的指引和启示,可以明确得出涉案专利权利要求 1 所包含的两组数值范围技术特征之间具有相互对应关系;再结合涉案专利申请时电池循环性能的公知常识,在采取常规实验手段及有限次试验情况下,便可排除两组数值范围之外的技术方案,即所属领域普通技术人员能够从说明书充分公开的内容中概括得出涉案专利权利要求 1 的技术方案,因而涉案专利权利要求 1 能够得到说明书的支持,符合我国《专利法》第 26 条第 4 款的规定。

---

〔1〕 参见管荣齐:《发明专利的创造性》,知识产权出版社 2012 年版,第 107 页。

〔2〕 参见王亭亭、田涛:《浅谈修改超范围在存在多个数值范围的专利申请中的适用》,载《法制博览》2020 年第 17 期。

018

公知常识及其证据的认定 / 管荣齐

国家知识产权局与常州南京大学高新技术研究院、江苏靶标生物医药研究所有限公司等发明专利驳回复审行政纠纷案 / **最高人民法院行政判决书,(2020)最高法知行终35号**

事实概要

专利申请人常州南京大学高新技术研究院、江苏靶标生物医药研究所有限公司(一审原告、二审被上诉人,以下简称X)向国家知识产权局提出了"一种肿瘤靶向性肿瘤坏死因子相关凋亡配体变体及其应用"的发明专利申请。

涉案专利申请被国家知识产权局于2015年1月29日决定驳回,理由是涉案申请权利要求1~14请求保护的技术方案不具有创造性。X对国家知识产权局就涉案专利申请的驳回决定不服,于2015年5月13日向国家知识产权局提出了复审请求。国家知识产权局于2016年11月25日作出第116649号复审请求审查决定(以下简称被诉决定),以《肿瘤研究前沿》第8卷为公知常识性证据,认定涉案专利申请所保护的技术方案不具有突出的实质性特点和显著的进步,不具备我国《专利法》第22条第3款规定的创造性。[1]

X对被诉决定不服,向北京知识产权法院(以下简称北京知产法院)提起行政诉讼。北京知产法院一审认定,《肿瘤研究前沿》第8卷仅为肿瘤医学研究方面的期刊,并不能当然被视为医学领域的公知常识性证据;相关技

〔1〕 参见国家知识产权局第116649号复审请求审查决定书。

术知识只有在多篇专利文献、期刊等均能够证明,其属于所属领域普通技术人员知晓的普遍技术知识或惯用技术手段等,才可被认定为所属技术领域的公知常识;国家知识产权局直接引用《肿瘤研究前沿》第8卷作出被诉决定,审理程序违反了听证原则。因此,北京知产法院一审判决撤销被诉决定,要求国家知识产权局重新作出审查决定。[1]

国家知识产权局对北京知产法院一审判决不服,向最高人民法院知识产权法庭(以下简称最高院知产法庭)提起上诉,其主要理由是:(1)《肿瘤研究前沿》第8卷这一份证据已通过《复审通知书》告知X,并给予其陈述意见的机会,被诉决定的作出符合听证原则,并没有违反审查程序;(2)《肿瘤研究前沿》第8卷并非期刊而是图书,其主编是所属技术领域的权威专家,书中所载内容可靠,可以作为所属技术领域中的公知常识性证据;(3)《肿瘤研究前沿》第8卷所涉及的相关技术知识早已为所属技术领域熟知的公知常识,有多本书籍、多篇文献可以证明。

判决要旨

最高院知产法庭二审判决,驳回国家知识产权局上诉,维持北京知产法院一审判决。

最高院知产法庭二审判决认为,相关技术领域公知常识的认定,直接决定了该领域普通技术人员所应具备的技术知识和认知能力,进而对创造性判断具有重要影响。因此,对于公知常识的认定应该以确凿无疑为标准,应该有充分的证据或者理由支持,不应过于随意化。一般而言,对于相关技术知识是否属于公知常识,原则上可以通过技术词典、技术手册、教科书等所属技术领域中的公知常识性证据加以证明;在难以通过技术词典、技术手册、教科书等公知常识性证据予以证明的情况下,也可以通过所属领域的多份非公知常识性证据,如多篇专利文献、

[1] 参见北京知识产权法院行政判决书,(2017)京73行初2193号。

期刊等相互印证以充分证明该技术知识属于公知常识，但这种证明方式应遵循更严格的证明标准。

公知常识性证据，是指技术词典、技术手册、教科书等记载所属领域基本技术知识的文献。如无相反证据，则技术词典、技术手册、教科书记载的技术知识可以推定为公知常识。判断技术词典、技术手册、教科书之外的文献是否属于记载所属领域基本技术知识的公知常识性证据，则需要结合该文献的载体形式、内容及其特点、受众、传播范围等因素具体认定。在本案中，《肿瘤研究前沿》第8卷虽然属于图书，但并非通常意义上的教科书，尚不足以认定属于公知常识性证据；被诉决定以《肿瘤研究前沿》第8卷作为公知常识性证据予以使用，依据不足；北京知产法院一审判决关于被诉决定违反听证原则的认定错误，但关于《肿瘤研究前沿》第8卷不属于公知常识性证据的认定正确。

评　析

一、典型意义

本案系公知常识及其证据认定的典型案例，是从最高院知产法庭2020年审结的2787件技术类知识产权案件中，精选出的55个典型案例、提炼成的46条裁判规则之一。[1] 本案明确了公知常识及其证据的认定标准，即如无相反证据，技术词典、技术手册、教科书记载的技术知识可以推定为公知常识，通常认定这三种文献属于记载所属领域基本技术知识的公知常识性证据；但这三种之外的文献是否属于公知常识性证据，其上记载的技术知识是否属于公知常识，则需要结合其载体形式、内容及其特点、受众、传播范围等因素，通过多篇文献相互印证等更严格的方式和标准予以认定。此项裁判规则的明确，对于

---

〔1〕《〈最高人民法院知识产权法庭裁判要旨（2020）〉发布》，载《人民法院报》2021年2月27日，第2版。

所属领域普通技术人员及其作为判断主体的专利技术事实认定具有重要影响。[1]

二、公知常识的概念和特点

根据我国《专利审查指南》第2部分第4章2.4的有关规定，所属领域普通技术人员知晓申请日（含优先权日，下同）之前所属领域所有的普通技术知识，具有应用申请日之前常规实验手段的能力。其中，普通技术知识和常规实验手段统称为公知常识。根据我国《专利审查指南》第4部分第8章4.3.3的有关规定，教科书或者技术词典、技术手册等工具书记载的技术内容属于所属技术领域的公知常识。由此，公知常识是教科书或者技术词典、技术手册等工具书记载的，所属领域普通技术人员知晓或能够运用的普通技术知识或常规实验手段等技术内容。[2]

根据公知常识的来源和定义，其特点有五个：(1)公知常识的载体主要是教科书或者技术词典、技术手册等工具书，其他文献记载的技术内容并不必然构成公知常识；(2)公知常识的认定主体是所属领域普通技术人员，不同技术领域的公知常识大不相同；(3)公知常识的技术内容主要包括普通技术知识和常规实验手段，通常表现为所属技术领域的某项技术手段(《专利审查指南》第4部分第3章4.1、第8章4.3.3)；(4)公知常识不存在地域性限制，实行的是不区分国家和地区的世界地域标准；(5)公知常识处于不断增加、更新的状态，在不同时间节点可能存在较大不同。[3]

---

〔1〕 管荣齐：《论专利法官的技术素养》，载中国行为法学会司法行为研究会、天津大学法学院编：《构建法律职业共同体研究》，中国法制出版社2016年版，第312～324页。

〔2〕 参见管荣齐：《发明专利的创造性》，知识产权出版社2012年版，第108页。

〔3〕 同上书，第108～109页。

三、关于公知常识的载体和范围

如前所述，公知常识的载体主要是教科书或者技术词典、技术手册等工具书，其技术内容主要包括普通技术知识和常规实验手段，但在不同国家或地区有所不同。根据欧洲专利审查指南，公知常识一般包括记载在基本手册（basic handbooks）、专著（monographs）和教科书（textbooks）中的有关信息，但若所属技术领域是全新的，还包括记载在专利说明书、科学出版物上的有关信息。[1] 根据美国专利审查指南，公知常识包括科学和工程原理（scientific and engineering principles），以及专利申请之后没有广泛传播的文献。[2] 根据日本专利审查指南，公知常识包括技术理论和经验规则，以及实验、分析、制造等的方法。[3]

关于公知常识的载体和范围，不但不同国家和地区的规定不一，而且在理论上和实践中也有不同意见。从理论上来说，教科书或者技术词典、技术手册等工具书记载的技术内容不一定是常识性的，这既要根据其记载的技术内容进行认定，又与其适用对象的技术水平高低有关；如其适用对象是所属技术领域的专家、学者，则其记载的技术内容就不能认定为公知常识。从实践中看，公知常识的载体和范围不是严格限定的，一般把教科书或者技术词典、技术手册等工具书记载的技术内容作为公知常识，但其未记载的未必不是公知常识，其明确记载的也未必都是公知常识，这要根据其记载的技术内容在个案中进行认定。[4]

---

〔1〕 Guidelines for Examination in the European Patent Office, Part C Chapter Ⅱ. 4.1。

〔2〕 Manual of Examiinng Pricedure of U. S. 2141.03. I.

〔3〕 日本特許庁. 特許・実用新案審査基準. 第Ⅰ部，第1章，2.2.2；第Ⅱ部，第2章，1.2.4。

〔4〕 参见管荣齐：《发明专利的创造性》，知识产权出版社2012年版，第109页。

四、公知常识的认定和证据

按照《最高人民法院关于行政诉讼证据若干问题的规定》第68条的规定,公知常识应当属于众所周知的事实,但两者之间还是存在较大区别的。众所周知的事实一般没有技术领域的区分,即在任何技术领域都是众所周知的,因此一般无须举证证明,审理涉及众所周知的事实案件的法官仅凭自己现有的知识就可以直接认定。[1] 而公知常识一般是有技术领域限制的,在此技术领域是公知常识的到彼技术领域可能就不是了;审理涉及公知常识案件的法官不可能通晓所有技术领域,更不可能按技术领域配备法官,因此公知常识一般需要当事人举证证明。[2]

根据我国《专利审查指南》第4部分第2章、第3章、第8章的有关规定,教科书或者技术词典、技术手册等工具书可以作为所属技术领域中的公知常识性证据。但是,如前所述,教科书或者技术词典、技术手册等工具书未记载而其他文献记载的技术内容未必不是公知常识,即教科书或者技术词典、技术手册等工具书以外的其他文献也可以作为公知常识性证据。只不过,教科书或者技术词典、技术手册等工具书可以单独作为认定公知常识的根据,而其他文献即使其载体形式、内容及其特点、受众、传播范围等符合公知常识性证据要求,也需要通过多篇文献相互印证等更严格的方式和标准,才被采信和用以证明其记载的技术内容属于公知常识。

在不同阶段,公知常识的举证责任区分专利授权、确权案件有所不同。在国家知识产权局复审阶段,专利授权案件中公知常识的举证责任主要在国家知识产权局原审查部门,如果专利申请人对作为涉案专利申请驳回决

〔1〕 参见张冬梅:《专利授权确权案件中公知常识的证明》,载《知识产权》2012年第10期;北京市第一中级人民法院行政判决书,(2010)一中知行初字第1413号。

〔2〕 参见管荣齐:《发明专利的创造性》,知识产权出版社2012年版,第109页。

定依据的公知常识有异议，国家知识产权局复审部门可以要求原审查部门举证证明；专利确权案件中公知常识的举证责任主要在作为当事人的专利无效宣告请求人和专利权人，如果一方当事人对另一方当事人主张的公知常识有异议，国家知识产权局复审部门可以责令另一方当事人举证证明。[1]进入法院行政诉讼阶段后，公知常识的举证责任主要在国家知识产权局复审部门，如果当事人对作为涉案专利申请驳回复审决定、专利无效宣告审查决定依据的公知常识有异议，法院可以责令国家知识产权局复审部门举证证明。[2]

〔1〕 参见孙瑞丰等：《专利审查中公知常识的认定和举证》，载《知识产权》2014年第9期。
〔2〕 参见张冬梅：《专利授权确权案件中公知常识的证明》，载《知识产权》2012年第10期。

019

需授权访问的网络空间信息构成现有技术或现有设计的认定 / 管荣齐

刘某某与潮州市潮安区祥兴发电子科技有限公司、国家知识产权局外观设计专利无效行政纠纷案 / **最高人民法院行政判决书,(2020)最高法知行终 422 号**

事实概要

涉案专利为一种“电源支架”的外观设计专利(专利号:201530515149.9),其专利权人为刘某某(一审第三人、二审上诉人,以下简称 X)。针对涉案专利,潮州市潮安区祥兴发电子科技有限公司(一审原告、二审被上诉人,以下简称 Y)向国家知识产权局提出无效宣告请求,主要理由是涉案专利不具备我国《专利法》第 22 条第 2 款规定的创造性,并提交广东省广州市海珠公证处出具的(2017)粤广海珠第 42915 号公证书(以下简称第 42915 号公证书)作为证据之一。国家知识产权局于 2018 年 5 月 8 日作出维持涉案专利有效的第 35851 号无效宣告请求审查决定(以下简称第 35851 号专利无效决定),认定第 42915 号公证书所显示的涉案 QQ 空间相册中相关商品照片需要特定账号和密码进行登录浏览,只是针对作为 QQ 好友的特定人群进行公开,并不处于公众想得知就能得知的状态,故对其公开性不予认可,其不能作为现有设计用来评价涉案专利的创造性。[1]

Y 对第 35851 号专利无效决定不服,向北京知识产权法院(以下简称北京知产法院)提起行政诉讼。北京知产法院一审认定,涉案 QQ 空间需要添

〔1〕 参见国家知识产权局第 35851 号无效宣告请求审查决定书。

加好友才能查看,并非针对特定人的限制,公众完全可以通过添加好友等方式获知涉案QQ空间相册中相关商品照片;没有证据显示涉案QQ空间用户会拒绝特定人添加好友的请求,亦没有证据显示其QQ好友需要遵守保密义务,故涉案QQ空间中的好友并非特定人而是属于专利法意义上的公众,涉案QQ空间相册中相关商品照片为公众所知的设计,在没有相反证据的情况下可以作为评价涉案专利创造性的现有设计。因此,北京知产法院一审判决,撤销第35851号专利无效决定,国家知识产权局就涉案专利无效宣告请求重新作出决定。[1]

X不服北京知产法院的一审判决,向最高人民法院知识产权法庭(以下简称最高院知产法庭)提起上诉,其主要理由是:(1)北京知产法院一审认定QQ用户为不特定的公众存在错误,QQ邮箱并不必然地指引搜索到信息的人进入QQ空间,需要通过一定的逻辑判断、选择、尝试才能进入,并非专利法规定的不特定公众;(2)进入QQ空间存在一个筛选的过程,只有通过其筛选的特定客户群体才能进入,而非不特定的公众可以任意通过其筛选,认定QQ用户的QQ好友即为不特定的公众存在偏错;(3)QQ空间是一个封闭的系统,QQ用户并非专利法意义上不特定的公众。

判决要旨

最高院知产法庭二审判决,驳回X的上诉,维持北京知产法院一审判决。

最高院知产法庭二审认为,由于QQ空间兼具公开性与秘密性的双重特点,在判断QQ空间信息是否具有公开性从而构成现有设计或现有技术时,需要具体考虑涉案QQ空间的特点,不能一概而论,应当根据涉案QQ空间的主要用途、信息的上传时间和公开情况等要素,综合判断公众是否能够获得该信息以及该信息何时处于为公众

[1] 参见北京知识产权法院行政判决书,(2018)京73行初7134号。

所知的状态。

涉案 QQ 空间的好友并非特定人，而是属于专利法意义上的公众，涉案 QQ 空间相册中相关商品照片处于为公众所知的状态，在没有相反证据的情况下，系统显示的照片上传时间即为公开时间。涉案 QQ 空间相册的上传时间在涉案专利申请日以前，相册中相关商品照片处于为公众所知的状态，且涉案 QQ 空间主要用作公开推销产品的商业用途，而非秘密性的个人使用。对于以商业用途为主的 QQ 空间，可以推定其对所有人公开，除非有相反证据表明该空间存在未公开或仅对特定人公开的情况。

涉案 QQ 空间相册在上传后即处于对不特定公众公开的状态，相册中的相关商品照片具有公开性，因而涉案 QQ 空间相册中相关商品照片所示的外观设计，应当作为评价涉案专利是否符合我国《专利法》第 23 条第 2 款规定的“现有设计”，从而国家知识产权局评价涉案专利是否符合我国《专利法》的规定，应当以涉案 QQ 空间相册中相关商品照片构成涉案专利现有设计为前提。

评 析

一、典型意义

本案系认定需授权访问的网络空间信息构成现有技术或现有设计的典型案例，是从最高院知产法庭 2020 年审结的 2787 件技术类知识产权案件中，精选出的 55 个典型案例、提炼成的 46 条裁判规则之一。[1] 本案明确了需授权访问的网络空间信息构成现有技术或现有设计的认定标准，即综合分析需授权访问的网络空间主要用途、其中信息的上传时间和公开情况等因素，以专利申请日以前该网络空间信息是否处于公众想获得就能够获得的状态为标准作出判断；如

〔1〕 参见《〈最高人民法院知识产权法庭裁判要旨（2020）〉发布》，载《人民法院报》2021 年 2 月 27 日，第 2 版。

果需授权访问的网络空间以商业用途为主，则可以推定其对所有人公开，但有相反证据证明其未公开或者仅针对特定人公开的除外。此项裁判规则的明确，对于现有技术或现有设计的认定进而专利新颖性、创造性的判断具有重要影响。[1]

二、现有技术或现有设计的构成要素

根据我国《专利法》第22条和第23条的规定，发明或实用新型不属于现有技术，外观设计不属于现有设计，即具有新颖性；发明与现有技术相比具有突出的实质性特点和显著的进步，实用新型与现有技术相比具有实质性特点和进步，外观设计与现有设计相比具有明显区别，即具有创造性；其中现有技术、现有设计，是指申请日（有优先权的，指优先权日，下同）以前在国内外为公众所知的技术、设计。再根据我国《专利审查指南》第2部分第3章、第4部分第5章的有关规定，现有技术或现有设计在申请日以前应处于能够为国内外公众获得的公开状态，而不处于受保密规定、协议约束的或者社会观念、商业习惯上被认为应当承担保密义务的保密状态，但负有保密义务的人违反规定、协议、社会观念或商业习惯而泄露的除外。简言之，现有技术或现有设计必须在专利申请日对国内外公众而言处于公开状态而非保密状态。由此，一项技术或设计要构成现有技术或现有设计，必须至少具备三个要素：一是对国内外公众而言，二是处于公开状态，三是不处于保密状态。

三、现有技术或现有设计的公开对象

如前所述，现有技术或现有设计必须面向国内外公众公开。参考刑法

〔1〕 参见管荣齐：《发明专利的创造性》，知识产权出版社2012年版，第62页。

上非法吸收公众存款罪中公众的含义,“公众”是指不特定的多数人。[1] 由此,公众有两个构成要件:一是不特定,二是多数人,两者缺一不可。有观点认为,公众分为不特定公众和特定公众,向特定公众公开的不构成现有技术或现有设计,[2]其中特定公众是指特定的少数人,这显然不符合公众的本来含义和构成要件。还有观点认为,公众分为相关公众和不相关公众,知识产权法意义上的公众限于相关公众,所谓相关公众,是指所属领域的不特定多数的相关人员,这一观点已被多个法律、司法解释所接受。[3] 基于此,一项技术或设计只要所属领域的不特定多数的相关人员能够获得,就具备现有技术或现有设计的公开对象要件,并不要求向所有不特定的多数人公开。

四、现有技术或现有设计的公开状态

根据我国《专利审查指南》第2部分第3章、第4部分第5章的有关规定,现有技术或现有设计的公开方式有出版物公开、使用公开和以其他方式公开三种。出版物公开是现有技术或现有设计公开的主要方式,出版物是专利审查程序文献检索的对象。[4] 专利法意义上的出版物比日常所说的出版物具有更广泛的意义,可以称为“书面描述”(written description),[5]是以

---

〔1〕 参见贺卫、王鲁峰:《论非法吸收公众存款罪的“公众”的界定标准》,载《法学》2013年第11期。

〔2〕 参见最高人民法院行政判决书,(2020)最高法知行终509号。

〔3〕 参见我国《商标法》(2019年)第13~14条;《最高人民法院关于审理侵犯商业秘密民事案件适用法律若干问题的规定》(2020年)第3~4条;《最高人民法院关于审理商标民事纠纷案件适用法律若干问题的解释》(2020年)第1条、第8~12条;《最高人民法院关于审理注册商标、企业名称与在先权利冲突的民事纠纷案件若干问题的规定》(2020年)第2条;《最高人民法院关于审理涉及驰名商标保护的民事纠纷案件应用法律若干问题的解释》(2020年)第1条、第3条、第9~10条;《最高人民法院关于审理商标授权确权行政案件若干问题的规定》(2020年)第7~10条、第12~13条、第17条、第20~22条;《最高人民法院关于审理不正当竞争民事案件应用法律若干问题的解释》(2020年)第1条、第4条、第6条、第8~9条;《最高人民法院关于审理涉及计算机网络域名民事纠纷案件适用法律若干问题的解释》(2020年)第4条第2项。

〔4〕 参见管荣齐:《发明专利的创造性》,知识产权出版社2012年版,第78页。

〔5〕 Guidelines for Examination in the European Patent Office, Part C, Chapter Ⅳ.

文字、数字、符号、图形等记载技术或设计内容的独立存在的传播载体，包括各种印刷的、打字的纸件，用电、光、磁、照相等方法制成的视听资料，以及存在于互联网或其他在线数据库中的资料等。“使用公开”包括能够使公众得知其技术、设计内容的制造、使用、销售、进口、交换、馈赠、演示、展出等方式，以及放置在展台上、橱窗内公众可以阅读的信息资料及直观资料。为公众所知的其他方式主要是指口头公开，包括口头交谈、报告、讨论会发言、广播、电视、电影等能够使公众得知技术内容的方式（我国《专利审查指南》第2部分第3章2.1、第4部分第5章2）。值得注意的是，日本将“存在于互联网或其他在线数据库中的资料等”单列为一种独立的公开方式。由此，存在于互联网或其他在线数据库中的资料等，无论属于出版物还是单列为一种独立的公开方式，只要未限制其所属领域的不特定多数的相关人员获得，就具备现有技术或现有设计的公开状态要件。

五、现有技术或现有设计的保密状态

如前所述，现有技术或现有设计不包括处于保密状态的技术或设计。所谓“保密状态”，不仅包括受保密规定、协议约束的情形，还包括在社会观念、商业习惯上被认为应当承担保密义务的情形。例如，印有“内部资料”“内部发行”等字样的出版物，确系在特定范围内发行并要求保密的，属于处于保密状态而不构成现有技术或现有设计。但是，如果负有保密义务的人违反规定、协议或者社会观念、商业习惯而泄露的技术或设计，则不再处于保密状态而构成现有技术或现有设计（我国《专利审查指南》第2部分第3章2.1、第4部分第5章2）。由此，判断一项技术或设计是否处于保密状态，主要看是否采取了防止其泄露的保密措施。参照《最高人民法院关于审理侵犯商业秘密民事案件适用法律若干问题的规定》第6条的规定，防止技术或设计泄露的保密措施主要有：(1)签订保密协议或者在合同中约定保密义务;(2)通过章程、培训、规章制度、书面告知等方式,对能够接触、获取商业秘密的员工、前员工、供应商、客户、来访者等提出保密要求;(3)对涉密的厂房、车间等生产经营场所限制来访者或者进行区分管理;(4)以标记、分类、隔离、加密、封存、限制能够接触或者获取的人员范围等方式,对技术或设计及其载体进行区分和管理的;(5)对能够接触、获取技术或设计的计算机设备、电子设备、网络设备、存储设备、软件等,采取禁止或者限制使用、访问、存储、复制等措施;(6)要求离职员工登记、返还、清除、销毁其接触或者获取的技术或设计及其载体,继续承担保密义务。由此,一项技术或设计只要未采取防止其泄露的保密措施,就不具备现有技术或现有设计的保密状态要件。

020

区别技术特征认定中对发明构思的考量 / 管荣齐

欧瑞康纺织有限及两合公司、国家知识产权局与浙江越剑智能装备股份有限公司发明专利无效行政纠纷案 / **最高人民法院行政判决书，(2020)最高法知行终279号**

事实概要

涉案专利为一种“假捻变形机”的发明专利(专利号:200810175661.2)，共有12项权利要求，其中权利要求1是独立权利要求，权利要求2~12都是权利要求1的从属权利要求。涉案专利的专利权人为欧瑞康纺织有限及两合公司(一审第三人、二审上诉人，以下简称X)。针对涉案专利，浙江越剑智能装备股份有限公司(一审原告、二审被上诉人，以下简称Y)向国家知识产权局提出无效宣告请求。

国家知识产权局于2018年8月1日作出第32984号无效宣告请求审查决定(以下简称第32984号专利无效决定)，认定涉案专利权利要求1的技术方案与证据1(最接近的现有技术)相比，其区别技术特征是包含三个不同类型的输送机构，其中前两个为缠绕输送机构，第三个为夹紧输送机构；涉案专利对于所属领域普通技术人员而言，相对于证据1与公知常识的结合具有突出的实质性特点和显著的进步，具备我国《专利法》第22条第3款规定的创造性，故维持涉案专利有效。

Y对第32984号专利无效决定不服，向北京知识产权法院(以下简称北京知产法院)提起行政诉讼。北京知产法院一审认定，涉案专利相对于证据1，其区别技术特征是第三输送机构为夹紧输送机构；涉案专利实质上是证据1第一实施例中两个缠绕输送机构和第二实施例中夹紧输送机构的简单组合,并且所组合的两部分之间既没有产生协同作用,又没有产生新的、预料不到的技术效果,故不具备我国《专利法》第22条第4款规定的创造性。因此,北京知产法院一审判决,撤销第32984号专利无效决定,国家知识产权局就涉案专利无效宣告请求重新作出决定。[1]

X和国家知识产权局均对北京知产法院一审判决不服,向最高人民法院知识产权法庭(以下简称最高院知产法庭)提起上诉,其主要理由是:(1)北京知产法院一审认定的涉案专利的区别技术特征有误;(2)证据1的第一实施例和第二实施例以及公知常识,均没有给出将两个实施例中三个输送机构结合的技术启示,涉案专利权利要求1相较于证据1与公知常识的结合具备创造性;(3)现有技术给出的教导是将三个输送机构设置为相同类型的而非不同类型的输送机构,所属领域普通技术人员无法得到将三个不同类型的输送机构组合使用的技术启示。

判决要旨

最高院知产法庭二审判决,撤销北京知产法院一审判决,驳回X的诉讼请求,维持第32984号专利无效决定。

最高院知产法庭二审认为,在判断发明创造相较于最接近的现有技术的区别技术特征时,要从该发明创造的发明构思出发,确定该发明创造与最接近的现有技术之间所存在的技术差异。如果该发明创造的发明构思就在于各个技术手段的结合,并且现有技术既没有直接或者隐含公开这种结合的教导,也没有公开这种结合所能产生的技术效果,则在确定区别技术特征时,应当将该发明创造的这种技术手段的结合予以整体性对待,不宜以其中的单个技术手段作为判断是否构成区别技术特征的基本对象。在本案中,涉案专利的发明构思是:通过三个不同类

[1] 参见北京知识产权法院行政判决书,(2018)京73行初787号。

型的输送机构的组合配置，实现所要达到的技术效果。因涉案专利的三个输送机构之间构成紧密的配合关系，故在确定涉案专利与最接近的现有技术的区别技术特征时，应将涉案专利的三个不同类型输送机构的组合配置作为一个整体予以对待。因此，涉案专利区别于证据 1 的区别技术特征是，涉案专利包含三个不同类型的输送机构，其中前两个为缠绕输送机构，第三个为夹紧输送机构。

在专利创造性判断中，应当基于所属领域普通技术人员的知识和能力，考察现有技术是否给出了区别技术特征中不同技术手段的相互配合和结合的技术启示。如果将区别技术特征与最接近的现有技术相结合形成发明创造的技术方案的过程，需要所属领域普通技术人员的创造性劳动，仅根据该发明创造的各个技术手段分别被其他现有技术所公开或者属于公知常识的事实，不足以认定现有技术或者公知常识已经给出了将区别技术特征与最接近的现有技术结合以形成发明创造的技术方案的技术启示。另外，应当避免将发明创造的技术方案不当地理解为仅仅是多项现有技术的简单叠加，从而导致发明创造的专利创造性高度被低估或者“后见之明”的情形发生。在本案中，证据 1 的第一实施例和第二实施例仅给出了包含多个相同类型输送机构的技术方案，并没有给出将不同类型输送机构进行组合的技术方案，亦未给出这种组合所能带来的技术效果的技术启示，且所属领域普通技术人员在证据 1 的基础上没有动机改进或采取其他技术方案，故涉案专利相对于证据 1 与公知常识的结合具备创造性。

评 析

一、典型意义

本案系区别技术特征认定中考量发明构思的典型案例，是从最高院知产法庭 2020 年审结的 2787 件技术类知识产权案件中，精选出的 55 个典型案例、提炼成的 46 条裁判规则之一。[1] 本案明确了区别技术特征认定中考量发明构思的裁判规则，即如果涉案专利的发明构思就在于对各个技术要素的结合，且现有技术既没有公开这种结合的教导，也没有公开这种结合所能产生的技术效果，则在确定涉案专利与最接近现有技术的区别技术特征时，可以将相互结合的多个技术要素视为一个整体，认定为一个区别技术特征。此项裁判规则的明确，对于专利特别是组合发明创造性的判断具有指导和规范作用。[2]

二、区别技术特征的认定

区别技术特征的认定是专利创造性判断中的一个重要步骤。[3] 根据美国专利审查指南的有关规定，专利创造性判断的"Graham 分析法"第二步是现有技术与发明创造之间区别的查明，要求把发明创造、现有技术都从整体上考虑，提取发明创造的要点或宗旨。[4] 根据欧洲专利审查指南的有关规定，欧洲专利创造性判断的"问题—解决方法"(Problem and Solution Approach)第二步是确定发明创造所要解决的客观技术问题，要求首先研究发明创造相对于最接近现有技术的区别技术特征，无论是结构性的还是功能性的。[5] 根据日本专利审查指南的有关规定，日本专利创造性判断的第二步是发明创造与最适合引用发明之间区别的查明，要求找出发明创造比较最合适引用发明的区别技术特征。[6] 根据我国《专利审查指南》的有关规定，判断发明创造相对于现有技术是否显而易见的第二步是确定发明创

---

〔1〕 参见《〈最高人民法院知识产权法庭裁判要旨(2020)〉发布》，载《人民法院报》2021 年 2 月 27 日，第 2 版。

〔2〕 参见管荣齐：《发明专利的创造性》，知识产权出版社 2012 年版，第 176 页、第 181 页、第 183～184 页、第 186 页。

〔3〕 参见杨勤之：《新形势下专利审查中的创造性判断相关问题分析》，载《知识产权》2019 年第 10 期。

〔4〕 Manual of Examiinng Pricedure of U. S. 2141.01, 2141.02, 2141.03.

〔5〕 *Guidelines for Examination in the European Patent Office*. Part C Chapter Ⅳ.11.7.

〔6〕 日本特許・実用新案審査基準. 第Ⅱ部，第 2 章，2.4。

造的区别特征和实际解决的技术问题，要求首先分析发明创造与最接近的现有技术相比有哪些区别技术特征。[1]

三、发明构思与组合发明

根据我国《专利法实施细则》和《专利审查指南》的有关规定，两个及以上技术方案在技术上相互关联，包含一个或多个相同或相应的特定技术特征，可以认定为具有一个总的发明构思。其中，特定技术特征，是指两个及以上技术方案的组合和结合作为整体对现有技术作出贡献的技术特征，它使发明创造相较于现有技术具有新颖性和创造性。[2] “两个及以上技术方案”组合或结合后构成一个新的技术方案，用以解决现有技术客观存在的技术问题，称为组合发明或结合发明。[3]

组合发明有三个特征或要件：(1)由两个及以上技术方案组合或结合而成，其组合方式主要有三种，一是同一现有技术中不同技术方案的组合或结合，二是不同现有技术中技术方案的组合或结合，三是现有技术和公知常识中技术方案的组合或结合；[4] (2)构成一个新的技术方案，具有一个总的发明构思，且所包含的两个及以上技术方案组合或结合在一起是前所未有的；[5] (3)能够解决现有技术客观存在的技术问题，至少包括三层含义：一是发现和提出了现有技术中存在的技术问题，二是所解决的技术问题在现有技术中客观存在，三是对于技术问题的解决方案能够实现。

---

〔1〕 参见我国《专利审查指南》(2019 年)第 2 部分第 4 章 3.2.1.1。

〔2〕 参见我国《专利法实施细则》(2020 年)第 35 条，《专利审查指南》(2019 年)第 2 部分第 6 章 2.1.2。

〔3〕 参见我国《专利审查指南》(2019 年)第 2 部分第 4 章 4.2。

〔4〕 参见管荣齐：《发明专利的创造性》，知识产权出版社 2012 年版，第 217 ~ 219 页。

〔5〕 参见翟燕燕：《浅析“发明构思”在组合发明创造性判断中的作用》，载《广东化工》2020 年第 10 期。

四、组合发明的创造性

组合发明的创造性不在于所包含的两个及以上技术方案是否显而易见,而在于所包含的技术方案组合或结合在一起是否显而易见。[1] 根据美国专利审查指南的有关规定,依照已知方法将现有技术和公知常识中的技术方案组合或结合而成的组合发明,如果不能产生预料不到的技术效果,且缺乏其他事实证据,就是非显而易见的。[2] 根据欧洲专利局上诉委员会判例法的有关规定,多个技术特征组合或结合而成的组合发明,如果各技术特征在功能上不能彼此相互支持,就不会产生超越各个技术特征之和的技术效果,就是显而易见的。[3] 根据日本专利审查指南的有关规定,由各个要素组合或结合而成的组合发明,如果组成要素之间在功能或作用上不能彼此关联,只是技术特征的简单拼凑,就是显而易见的。[4] 根据我国《专利审查指南》的有关规定,组合的各技术特征在功能上彼此支持并取得了新的技术效果,或者组合后的技术效果比每个技术特征效果的总和更优越,无论每个单独的技术特征本身是否完全或部分已知,该组合发明都是非显而易见的;组合后的各技术特征之间在功能上无相互作用关系且总的技术效果是各组合部分效果之总和,或者组合仅仅是公知结构的变型或处于常规技术继续发展的范围之内而没有取得预料不到的技术效果,则该组合发明是非显而易见的。[5]

---

〔1〕 参见李梅香:《浅谈组合发明的创造性评价》,载《专利代理》2019 年第 1 期。

〔2〕 Manual of Examiinng Pricedure of U. S. 2143.

〔3〕 Case Law of the Boards of Appeal of the European Patent Office, I. D. 8.2.

〔4〕 日本特許・実用新案審査基準. 第Ⅱ部,第 2 章,2.5。

〔5〕 参见我国《专利审查指南》(2019 年)第 2 部分第 4 章 4.2。

021

“问题的提出”在创造性判断中的考量 / 管荣齐

深圳市大疆灵眸科技有限公司与国家知识产权局等实用新型专利无效行政纠纷案 / 最高人民法院行政判决书，(2020) 最高法知行终 183 号

事实概要

涉案专利为一种“云台”的实用新型专利（专利号：201520653490.5），其专利权人系深圳市大疆灵眸科技有限公司（一审原告、二审上诉人，以下简称 X），针对涉案专利，第三人杜某某向国家知识产权局提出无效宣告请求（一审第三人，以下简称 Y）。

主要理由之一是涉案专利权利要求 1 ~ 18 不具备我国《专利法》第 22 条第 3 款规定的创造性。国家知识产权局于 2018 年 11 月 29 日作出第 38122 号无效宣告请求审查决定（以下简称第 38122 号专利无效决定），认定涉案专利权利要求 1、6 不具备我国《专利法》第 22 条第 3 款规定的创造性，故宣告涉案专利权利要求 1、6 无效，在权利要求 2 ~ 5、7 ~ 18 基础上，继续维持涉案专利有效。

X 不服第 38122 号专利无效决定，向北京知识产权法院（以下简称北京知产法院）提起行政诉讼。北京知产法院一审认定，“云台”作为涉案专利的区别技术特征之一，对其应当以所属技术领域中通用的理解为准，涉案专利权利要求 1 只描述了云台，并未限定云台类型具体为增稳云台。因此，北京知产法院一审判决，驳回 X 的诉讼请求，维持第 38122 号专利无效决定。[1]

---

〔1〕 参见北京知识产权法院行政判决书，(2019) 京 73 行初 250 号。

X 不服北京知产法院一审判决，向最高人民法院知识产权法庭（以下简称最高院知产法庭）提起上诉，其主要理由是：（1）北京知产法院一审判决对涉案专利权利要求中“云台”“非工作状态”等的解释或理解存在错误；（2）涉案专利发现并解决了现有技术中没有注意到的技术问题，取得了有益的技术效果，具有我国《专利法》第 22 条第 3 款规定的创造性。

判决要旨

最高院知产法庭二审判决，驳回 X 的上诉，维持北京知产法院一审判决。

最高院知产法庭二审认为，对于权利要求中出现的相关技术名词或术语，应当结合说明书所记载的发明背景、发明目的、应用领域、解决的技术问题等内容进行理解，而不能脱离说明书所记载的内容作宽泛的、一般意义上的解释。在本案中，结合涉案专利说明书所记载的技术领域、背景技术和发明内容，涉案专利权利要求中的“云台”，应当理解为带有电机调整三轴转动功能及相应结构的云台，而非一般意义上用于安装和固定摄像机的支撑设备；涉案专利权利要求中的“非工作状态”，应当理解为云台的“电机调整角度范围”之外的位置，并不是泛指所有类型云台的非工作状态。

发现和提出所要解决的技术问题即“问题的提出”，其本身是否应该在创造性判断中予以考量，需要根据案件具体情况确定。在多数情况下，“问题的提出”是发明创造的动因和起点，技术方案的形成与“问题的提出”之间存在直接因果关系；“问题的提出”相对比较容易，找到解决问题的技术方案，即“问题的解决”相对比较困难。但在特定情况下，“问题的提出”可能比“问题的解决”更重要、更困难，技术进步的重点、难点更多在于“问题的提出”。如果不考虑“问题的提出”对所属领域普通技术人员来说是否显而易见，可能会陷入“后见之明”并低估技术方案的创造性。

然而在本案中，涉案专利所提出的“云台电机轴在非工作状态下锁定位置”这一问题，其本身对所属领域普通技术人员来说，并不具有非显而易见性。当云台处于电机调整角度范围之外的“非工作状态”时，其所存在的“随意摆动、不便于保管、携带与使用”的缺陷是显性的、直接能够发现的，所属领域普通技术人员甚至云台的使用者在面对该缺陷时，自然就会想到该缺陷是由“云台电机轴在非工作状态下锁定位置”这一问题引发的。因此，“云台电机轴在非工作状态下锁定位置”这一问题的提出并不困难，对于所属领域普通技术人员来说很容易想到，其本身不具有我国《专利法》第22条第3款规定的创造性。

评　析

一、典型意义

本案系在专利创造性判断中，考量“问题的提出”的典型案例，是从最高院知产法庭2020年审结的2787件技术类知识产权案件中，精选出的55个典型案例、提炼成的46条裁判规则之一。〔1〕本案明确了专利创造性的整体判断原则、技术难题和技术偏见等辅助考虑因素的适用规则，尤其是“问题的提出”具有创造性的认定标准，即专利创造性的判断要将发明创造作为一个整体看待，全面考虑包括所解决的技术问题在内的有关因素；如果发明创造解决了现有技术长期渴望解决而未成功解决的技术难题，或者克服了在某段时间内、某个技术领域中对某个技术问题的技术偏见，则该发明创造具备专利创造性；〔2〕当现有技术进步的难点主要在于发现和提出发明创造所解决的技术问题时，要重点考虑“问题的提出”对所属领域普通技术人员来说是否显而易见。此

〔1〕 参见《〈最高人民法院知识产权法庭裁判要旨（2020）〉发布》，载《人民法院报》2021年2月27日，第2版。

〔2〕 参见我国《专利审查指南》（2019年）第2部分第4章3.1。

项裁判规则的明确,对于专利创造性的判断具有指导和规范作用。[1]

二、专利创造性的整体判断原则

整体判断原则是专利创造性判断的基本原则,美国、欧洲、日本和我国都有关于这一原则的规定。美国《专利审查指南》第2141条规定,确定发明创造与现有技术之间的区别,需要从整体上考虑该发明创造和现有技术,发现问题的原因是发明创造整体的一部分。[2]《欧洲专利局审查指南》第3部分第4章第11条规定,发明创造必须从整体上正式加以考虑,当一项权利要求包含一组技术特征的结合,如果这些技术特征结合一体并产生协同效应,则该项权利要求具有创造性。[3] 日本《专利审查指南》第2部分第2章第2条规定,作出发明创造缺乏创造性的推理,不仅要基于所选择出的最适于推理的引用发明的内容、其他引用发明(包括公知公用的技术)和公知常识,还要考虑其他不同的和更加广泛的方面。[4] 我国《专利审查指南》第2部分第4章规定,在评价发明创造是否具备创造性时,不仅要考虑发明创造的技术方案本身,而且要考虑发明创造所属技术领域、所解决的技术问题和所产生的技术效果,将发明创造作为一个整体看待。[5] 由此,专利创造性的整体判断原则不但要求将发明创造作为一个整体来考虑,而且要求将现有技术从整体上加以考虑。[6]

---

〔1〕 参见管荣齐:《发明专利的创造性》,知识产权出版社2012年版,第158页。

〔2〕 Manual of Examiinng Pricedure of U. S. 2141.02.

〔3〕 Guidelines for Examination in the European Patent Office, Part C Chapter Ⅳ, 11.5, 11.7.3, 11.8.

〔4〕 日本特許・実用新案審査基準. 第Ⅱ部,第2章,2.4。

〔5〕 参见我国《专利审查指南》(2019年)第2部分第4章3.1、3.2.1.1、6.4。

〔6〕 参见管荣齐:《发明专利的创造性》,知识产权出版社2012年版,第159~161页。

三、专利创造性判断中技术难题的考量

长期渴望解决而未成功解决的技术难题是，专利创造性判断的辅助考虑因素，美国、欧洲和我国有关于这一因素的规定。[1] 根据美国《专利审查指南》的有关规定，长期渴望解决而未成功解决的技术难题是专利创造性判断的辅助考虑因素，但要依据长期渴望解决而未成功解决的技术难题来评价专利创造性，就需要提供客观证据来证明该技术难题已在所属技术领域得到认知，并且存在了较长时间而没有成功解决。[2] 根据《欧洲专利局上诉委员会判例法》的有关规定，长期渴望解决而未成功解决的技术难题是评价专利创造性的第二位标记或辅助性考虑。在发明创造以前，现有技术长期没有积极改进，如果长期渴望解决而未成功解决的技术难题明显存在，则这一事实可能是该发明创造包含专利创造性的标志。[3] 根据我国《专利审查指南》的有关规定，发明创造解决了长期渴望解决而未成功解决的技术难题是判断专利创造性时需考虑的其他因素；如果发明创造解决了长期渴望解决而未成功解决的技术难题，则该发明创造具有突出的实质性特点和显著的进步，具备我国《专利法》第 22 条第 3 款规定的创造性。[4] 由此，长期渴望解决而未成功解决的技术难题是专利创造性判断的辅助考虑因素，但该技术难题必须是公知的、持久的、他人尚未解决的。[5]

四、专利创造性判断中技术偏见的考量

克服技术偏见是专利创造性判断的辅助考虑因素，美国、欧洲和我国有

〔1〕 参见黄国群、熊玲潇：《专利创造性中辅助判断因素的价值分析及我国相关实践》，载《电子知识产权》2019 年第 9 期。

〔2〕 Manual of Examiinng Pricedure of U. S. 716. 04.

〔3〕 T 109/82, OJ 1984, 473; T 555/91, T 699/91.

〔4〕 参见我国《专利审查指南》(2019 年)第 2 部分第 4 章 5. 1。

〔5〕 参见管荣齐：《发明专利的创造性》，知识产权出版社 2012 年版，第 201 ~ 203 页。

关于这一因素的规定。[1] 根据美国《专利审查指南》的有关规定，专家已经对发明创造所解决的技术问题研究了五六年时间并形成了一定认识，在其认识被发明人证实存在错误之前对该发明创造持怀疑态度，该发明创造克服了专家怀疑的证据，足以反驳该发明创造对现有技术而言显而易见的结论。[2] 根据《欧洲专利局上诉委员会判例法》的有关规定，克服技术偏见是评价专利创造性的第二位标记或辅助性考虑，有时候通过克服公知的技术偏见即广为坚持但对技术事实的错误的认识，就能够确立创造性。[3] 根据我国《专利审查指南》的有关规定，克服技术偏见是判断专利创造性时需考虑的其他因素，如果发明创造克服了在某段时间内、某个技术领域中对某个技术问题普遍存在的、偏离客观事实的技术偏见，则该发明创造具有突出的实质性特点和显著的进步，具备我国《专利法》第22条第3款规定的创造性。[4] 由此，克服技术偏见是专利创造性判断的辅助考虑因素，但技术偏见必须在申请日前就已普遍存在，其举证责任在专利权人或专利申请人。[5]

五、"问题的提出"具有创造性的认定

根据专利创造性的整体判断原则，再考量技术难题和技术偏见对专利创造性判断的影响，对于专利创造性主要在于"问题的提出"或者"问题的提出"具有创造性的主张，既不能简单接受也不能简单否定，而应当结合具体案情、检索结果和相关证据进行谨慎认定。[6] 如果发明创造的"问题的提

---

〔1〕 参见黄国群、熊玲潇：《专利创造性中辅助判断因素的价值分析及我国相关实践》，载《电子知识产权》2019年第9期。

〔2〕 In re Dow Chemical Co., 837 F.2d 469, 5 USPQ2d 1529 (Fed. Cir. 1988); Burlington Industries Inc. v. Quigg, 822 F.2d 1581, 3 USPQ2d 1436 (Fed. Cir. 1987).

〔3〕 T 119/82, OJ 1984, 217; T 48/86.

〔4〕 参见我国《专利审查指南》(2019年)第2部分第4章5.2。

〔5〕 参见管荣齐：《发明专利的创造性》，知识产权出版社2012年版，第203～205页。

〔6〕 参见王彦华：《发明专利创造性审查中技术问题及技术效果的判断》，载《中国发明与专利》2017年第5期。

出”是现有技术中未提及的，即首次的，也无法从其他途径获得“问题的提出”的技术启示，则应当认定“问题的提出”超出了所属领域普通技术人员的能力和水平，“问题的提出”具有创造性的主张是真实、正确的而非随意编造甚至与事实不符的，从而认定该发明创造与现有技术相比是非显而易见的，即具备专利创造性。如果发明创造的“问题的提出”在专利申请文件或专利文件中给出了过程性的证据，通过检索又不能明显排除该证据的真实性、有效性，则应当认定“问题的提出”是首次的、具有创造性，即使“问题的解决”是一种显而易见的常规设计或者从其他对比文件中提取的。如果发明创造的“问题的提出”在专利申请文件或专利文件中没有给出过程性的证据，但在答复审查意见书时补交了相应的证据以证明“问题的提出”是首次的，则应当接受答复意见并认定“问题的提出”具有创造性；未能在答复审查意见书时提供证据或者提供的证据并不足以证明“问题的提出”是首次的，则不能认定“问题的提出”具有创造性，该发明创造是否具备专利创造性需要根据“问题的解决”作出。[1]

〔1〕 参见吴磊、王小丽：《基于发现技术问题内在原因提出的发明专利申请的审查策略》，载《专利代理》2015 年第 1 期。

022

无效宣告请求程序中权利要求修改方式的审查标准 / 蒋洪义

同方威视技术股份有限公司、清华大学与国家知识产权局、北京君和信达科技有限公司、许昌瑞示电子科技有限公司发明专利权无效行政纠纷案 / 北京知识产权法院行政判决书,(2018)京73行初6316号 最高人民法院知识产权法庭行政判决书,(2020)最高法知行终246号

事实概要

涉案专利系专利号为20061011××××.2、名称为"用于辐射源的控制单元和控制方法及辐射检查系统和方法"的发明专利,专利权人为同方威视技术股份有限公司、清华大学(一审第三人、二审上诉人,以下简称X)。许昌瑞示电子科技有限公司(一审第三人,以下简称Y1)于2017年3月7日向原专利复审委员会申请宣告涉案专利无效,北京君和信达科技有限公司(一审原告、二审被上诉人,以下简称Y2)于2017年3月24日向原专利复审委员会申请宣告涉案专利无效。

X在无效程序中提交了权利要求书修改文本,该修改文本涉及两种产生争议的修改方式。

第一种产生争议的修改方式是,通过改变从属权利要求的引用关系的方式,删除该从属权利要求原来包含的部分附加技术特征。以涉及这种修改方式的权利要求4为例,其改变了原权利要求4的引用关系,由"引用权利要求3"改为"引用权利要求2",相当于从原权利要求4中删除了其在引用原权利要求3时所包含的原权利要求3中的附加技术特征,导致修改后的权利要求4,与原权利要求4相比,保护范围变大。

第二种产生争议的修改方式是，针对同一项权利要求进行多次“进一步限定”，形成多个新权利要求。以涉及这种修改方式的权利要求13、14为例，X在原独立权利要求1的基础上加入了原权利要求2的部分特征和原权利要求3的全部特征，形成修改后的独立权利要求13；然后，X又对已被修改过的原独立权利要求1，加入了原权利要求2的部分特征和原权利要求5的全部特征，形成修改后的权利要求14。X通过这种方式，对原独立权利要求1进行了多次“进一步限定”，形成了包括独立权利要求13、14在内的多个独立权利要求，并增加了相应的从属权利要求，使涉案专利的权利要求项数从授权文本的48项权利要求增加到了76项。

原专利复审委员会接受专利权人对涉案专利权利要求书做出的上述修改，并在修改文本基础上维持涉案专利有效。

Y2不服专利复审委员会无效决定，向北京知识产权法院提起诉讼。

在行政诉讼中，一审判决认定，上述两种产生争议的修改方式均扩大了原专利的保护范围，不符合涉案专利应适用的2001年《专利法实施细则》第68条第1款规定，故撤销被诉决定并由国家知识产权局重新作出决定。

X不服一审判决，向最高人民法院知识产权法庭提起上诉，二审法院认定修改后的权利要求并未超出原权利要求1的保护范围，相关修改方式并未扩大原专利的保护范围，但违反了“直接、明确导出”原则，故判决驳回上诉，维持原判。

判决要旨

2001年《专利法实施细则》第68条第1款规定，在无效宣告请求的审查过程中，发明或实用新型专利的专利权人可以修改其权利要求书，但是不得扩大原专利的保护范围。

北京知识产权法院一审认为，授权后的权利要求具有公示专利权保护范围的作用，社会公众可以根据授权后的权利要求，明确权利边界、预判侵权可能性以及评估专利权效力的稳定性。权利要求的公示作用、社会公众的信赖利益显然不是仅基于独立权利要求所确定的保护范围，而是基于每个权利要求所确定的保护范围及全部权利要求形成的保护层次体系。因此，将"原专利的保护范围"仅理解为独立权利要求的保护范围并不恰当。在无效宣告程序中，修改权利应受到已授权公告的权利要求布局的限制，这样更利于保护社会公众的信赖利益，也有助于引导专利申请人谨慎布局权利要求。

本案的修改属于"权利要求的进一步限定"，这种修改方式通常应以修改后的权利要求代替原来的权利要求，以形成一个新的保护范围更小的权利要求。在无效宣告程序中，通常不能增加权利要求，如果修改后的权利要求数量相对于原权利要求书发生超出预期的变化，则不能被接受，否则会损害社会公众的信赖利益。

具体而言，本案的第一种修改方式通过改变从属权利要求的引用关系而删除了原权利要求的部分附加技术特征，导致其保护范围变大，不符合2001年《专利法实施细则》第68条之规定。第二种修改方式是对原权利要求进行了两次以上的"进一步限定"，形成多个新权利要求，这种修改方式实质上重新构建了本专利的保护层次体系，超出了原专利的保护范围，不仅会不合理地增加无效宣告请求人的负担，而且会损害社会公众的信赖利益，故其既不属于《专利审查指南》所规定的修改方式，也不符合2001年《专利法实施细则》第68条之规定。

二审判决对一审判决所依据的理由不予认同。关于判断"不得扩大原专利的保护范围"的基准，二审判决认为，应当以原专利中的独立权利要求作为划定原专利保护范围的重要基准，即在被修改的权利要求属于从属权利要求的情况下，应当以被修改的权利要求所属的独立权利要求的保护范围作为基准，判断修改是否扩大保护范围，而不应当以被修改的从属权利要求本身的保护范围，作为基准来判断修改是否扩大保护范围。

针对第一种修改方式，二审判决认为，一审判决否定以原专利权利要求1作为划定原专利保护范围的重要基准，会实质性地限缩广大专利权人在无效程序中，修改权利要求的自由度与技术表达空间，对专利法激励保护创新的根本立法宗旨具有潜在但不可忽视的负面影响。对于实践中新出现的修改方式，司法与行政部门及社会公众理应保持适度容忍；对于增加任何新的法律原则以跨越修改实质而直接限制或禁止某种具体修改方式，司法理念则应保持足够审慎与克制。因此，一审法院关于“在无效宣告程序中修改权利要求应受到已授权公告的权利要求布局限制”的观点缺乏法律依据，权利人通过改变引用关系从而删除有关技术特征限定这一行为模式本身，并未违反专利法及其实施细则的相关规定。

针对第二种修改方式，二审判决认为，其对原独立权利要求进行反复多次修改所形成的多项新独立权利要求及其从属权利要求，虽然增加了权利要求的项数，但新增的权利要求均未超出原权利要求的保护范围，在应当以原专利中的独立权利要求作为划定原专利保护范围之基准的情况下，第二种修改方式不扩大原专利的保护范围。

但是，二审判决认为，本案两种修改方式均新增了技术方案，本领域技术人员在阅读原权利要求书和说明书后，难以直接、明确地推导出所有新增技术方案，故其不符合2001年《专利法实施细则》第68条之规定。

评析

本案的争议焦点在于，如何理解《专利法实施细则》所规定的，在无效程序中修改权利要求不得扩大原专利的保护范围，即“原专利的保护范围”究竟是指授权文本中各项权利要求分别确定的不同保护范围所形成的保护层次体系,还是指授权文本中的独立权利要求所确定的最大保护范围。

一审判决将“原专利的保护范围”理解为,授权文本中各项权利要求分别确定的不同保护范围所形成的保护层次体系。按照这种理解,审查无效程序中的权利要求修改方式可否接受,应以被修改的原权利要求的保护范围为基准,判断修改后形成的新权利要求是否扩大了被修改的原权利要求的保护范围,如果修改方式扩大了原权利要求的保护范围,则不被接受。在本案二审程序中,国家知识产权局提交了一份书面意见,认可一审判决对本案所涉两种修改方式的裁判理由与其目前的审查实践是相符的。

二审判决则创新性地提出了以授权文本的独立权利要求为基准确定原专利保护范围的新标准,即只要修改后形成的新权利要求,其保护范围小于授权文本的独立权利要求,就不属于扩大原专利的保护范围。

上述司法创新引发了对以下几个问题的思考:

其一,《专利法实施细则》所规定的“原专利的保护范围”的文本含义究竟是什么?

《专利法》第59条规定,发明和实用新型专利权的保护范围以其权利要求的内容为准。由此可见,一项专利权的保护范围是由其权利要求书记载的全部权利要求确定的。其中每一项权利要求均确定一个不同于其他权利要求的特定保护范围,该项专利权的整体保护范围系由各项权利要求所确定的各个保护范围所组成的呈倒金字塔形状的保护范围层次体系,其中,独立权利要求确定的是专利权的最大保护范围。

对《专利法实施细则》相关条款所称的“原专利的保护范围”,其文本含义应结合《专利法》第59条的规定进行理解,即应把“原专利的保护范围”理解为由授权文本中各项权利要求所确定的各个保护范围所组成的保护范围层次体系,而不能把“原专利的保护范围”仅仅理解为原独立权利要求所确定的最大保护范围。按照上述文本含义,专利权人在无效程序中修改其权利要求书不得扩大原专利的保护范围，具体包括两层含义：一是在对特定的权利要求进行修改时，不得扩大作为修改对象的原权利要求的保护范围；二是不得以修改方式增设在原权利要求书中不存在的新的权利要求，以扩大原有的保护范围层次体系。

在专利侵权诉讼中，因独立权利要求所确定的保护范围最大，在独立权利要求有效的情况下，法院一般是根据独立权利要求所确定的最大保护范围判断被诉侵权产品是否构成侵权，而无须考虑从属权利要求所确定的保护范围。因此，在侵权诉讼中，裁判者容易形成依据独立权利要求来确定专利保护范围并与被诉侵权产品进行侵权比对的思维定式。

上述思维定式容易误导裁判者在专利无效行政诉讼中，也以独立权利要求所确定的最大保护范围，作为判断无效程序中权利要求修改方式是否扩大原专利保护范围的依据，从而背离《专利法实施细则》所规定的“原专利的保护范围”的文本含义。每一项权利要求都确定一个保护范围，在独立权利要求已经确定专利的最大保护范围的情况下，之所以还要撰写从属权利要求确定多个较小的保护范围，就是为了形成逐级递减的体系化保护范围以防范专利无效风险。该体系化保护范围，一方面对专利权人发挥防范无效风险的保障作用，另一方面也对专利权人起到约束作用，即专利权人在无效程序中修改权利要求时，不得扩大该已公示给公众的体系化保护范围，以免损害公众对已授权公告的专利保护范围的信赖利益。

本案二审判决是首例不以作为修改对象的原权利要求，而以独立权利要求的保护范围，作为判断修改是否扩大原专利保护范围之基准的案例。此前最高人民法院曾在（2019）最高法知行终 19 号判决书中提出，权利要求修改是否扩大原专利保护范围的比对基准，其裁判要旨在于：“专利无效宣告程序中，当权利要求的修改系将从属权利要求的全部或部分附加技术特征补入其引用的独立权利要求时，判断修改后的独立权利要求是否扩大了原专利的保护范围,应以作为修改对象的原专利的独立权利要求的保护范围为基准,而非以该附加技术特征所属的原权利要求的保护范围为基准。”在该案中,被修改的权利要求就是独立权利要求,故该案提出,“应以作为修改对象的原专利的独立权利要求的保护范围为基准”的裁判要旨,完全符合“原专利的保护范围”的文本含义。但在本案的第一种修改方式中,被修改的权利要求是从属权利要求,在此情况下,二审判决不以作为修改对象的原从属权利要求为基准,而以不属于修改对象的原独立权利要求为基准,判断修改行为是否扩大原专利的保护范围,已经超越了“原专利的保护范围”的文本含义,也与最高法知行终 19 号判决书的裁判要旨不符。

其二,以“原专利的保护范围”的文本含义作为审查依据,是否会实质性地限缩专利权人在无效程序中修改权利要求的自由度,并对《专利法》激励保护创新的根本立法宗旨产生负面影响?

本案二审判决以原独立权利要求作为判断修改行为是否扩大保护范围的审查基准,而不是以被修改的原从属权利要求,诚然扩大了专利权人在无效程序中修改权利要求的自由度。但这种超越“原专利的保护范围”的文本含义的法律适用标准,既不符合专利制度的内在逻辑和价值目标,亦将损害公众对公示的专利授权文本的信赖利益。

专利权人在专利授权前后均享有修改权利要求的机会,但不同阶段的修改在自由度上存在客观差异。在授权前修改权利要求,只要符合《专利法》第 33 条规定不超出原说明书和权利要求书记载的范围即可,不受原保护范围的任何限制;但在授权后修改权利要求,则不仅要符合《专利法》第 33 条的规定,还要符合《专利法实施细则》关于修改权利要求书不得扩大原专利的保护范围的规定。

上述修改自由度上的差异,恰恰合理反映了专利制度的内在逻辑及其价值目标:在专利授权前修改权利要求的自由度应该大于授权后,因为此时专利保护范围尚未授权确定，所以应允许专利权人在其已完成并公开的技术方案范围内充分、自由地修改出最大的专利保护范围。但在专利授权后，专利保护范围已确定并公示给公众，此时修改权利要求应兼顾公众基于此前公示的专利保护范围所形成的信赖利益，故其修改自由度应当小于授权前的修改自由度，既不能超出原说明书和权利要求书记载的范围，也不能扩大原专利的保护范围。

实际上，在授权后需要兼顾公众利益而限制专利权人扩张专利保护范围，是专利制度的价值目标之一，这不仅体现在授权后的权利要求修改环节，而且体现在权利要求解释环节。回顾我国近 20 年来的专利侵权判定规则以及相关司法实践的发展历程，可以看出，从摒弃多余制定原则到扩大禁止反悔原则的适用范围，从确立捐献原则到探索适用可预见性规则，专利侵权诉讼实践一直朝着严格权利要求解释标准、避免专利保护范围不合理扩张的方向发展。因此，在专利无效程序中，按照“原专利的保护范围”的文本含义合理限制专利权人修改权利要求的自由度，与专利侵权程序中的上述发展方向是协调一致的。

而且，合理限制专利权人在无效程序中修改权利要求的自由度，也不会减损专利权人的利益并对《专利法》激励保护创新的立法宗旨产生负面影响，因为授权前的程序已为专利权人提供了修改、完善其权利要求的足够机会和充分自由，所以，授权后的修改自由度应更多地兼顾公众的利益保障，这与专利法激励保护创新的立法宗旨是并行不悖的。专利权人因权利要求书撰写不当，或者在实质审查程序中怠于主动修改权利要求，而造成专利保护范围小于其技术创新的贡献范围，相关后果应由专利权人自己承受，不应通过放宽授权后的权利要求修改尺度而将其转嫁给公众。

其三，突破“原专利的保护范围”的文本含义，依据授权文本独立权利要求所确定的最大保护范围来判断无效程序中的权利要求修改方式可否接受,将会给专利保护实践造成何种影响?

二审判决超越“原专利的保护范围”的文本含义,将其扩张解释为原独立权利要求的保护范围,同时又赋予专利权人以不限于审查指南所列举的修改方式修改权利要求的权利。这意味着,专利权人可以在原独立权利要求的保护范围内,任意重新概括出新的从属权利要求,包括删除原从属权利要求中的一些限定特征以扩大其保护范围,甚至从说明书中重新概括出保护范围小于独立权利要求的新的从属权利要求。

这种法律适用倾向,将会使公众难以对已授权专利进行侵权风险预判,其基于专利授权公告文本所形成的信赖利益和相关的技术实施空间将会面临不可测风险。通过专利授权的公示作用而使公众合理预判侵权风险,并确定专利保护范围红线之外的自由实施技术空间,也是专利制度追求的价值目标之一。正是为了保障公众的上述信赖利益,专利制度针对授权后的权利要求修改行为设置了不得扩大原专利保护范围的限制条件。在按照文本含义确定“原专利的保护范围”的情况下,无论专利权人如何修改其权利要求,都不会导致授权文本中的任何权利要求的保护范围被扩大,因此,这种修改不会给公众带来授权文本中不存在的新的侵权风险。相反,在将“原专利的保护范围”的文本含义扩张解释为原独立权利要求的保护范围的情况下,专利权人可以通过修改而获得比授权文本中的从属权利要求具有更大保护范围的新增从属权利要求。由于独立权利要求的稳定性普遍不高,公众在独立权利要求无效情况下本来可以自由实施的相关技术方案,就会因专利权人通过修改扩大原从属权利要求的保护范围,而面临侵权风险,从而实质性损害公众基于授权文本,而对原专利的保护范围以及该范围之外的自由实施技术空间所形成的信赖利益。

另外,专利申请人将会利用实用新型专利不进行实质审查的特点,在单独申请或者与发明同日申请实用新型专利时,故意撰写多项保护范围非常大的独立权利要求，然后在授权后的无效程序中，专利权人就可以通过修改权利要求的方式，而从从属权利要求中甚至从说明书中任意概括出保护范围小于独立权利要求的新的从属权利要求，在这种情况下，原来撰写的保护范围非常大，因而在实质上不具有创新性的独立专利权，对确定该专利的保护范围已无实质意义，该专利的保护范围最终将由专利权人在无效程序中从说明书中重新概括出来的新的从属权利要求来确定，进而导致专利制度的基本原则——“专利权的保护范围以其权利要求的内容为准”，实质上异化为“专利权的保护范围由说明书确定。”

023

反向教导对于专利创造性评价的影响 / 蒋洪义

上海国靖机械设备有限公司与国家知识产权局、第三人宁波杰纳尔绑扎科技有限公司实用新型专利权无效行政纠纷案 / **北京知识产权法院行政判决书,(2018)京73行初11289号;最高人民法院知识产权法庭行政判决书,(2020)最高法知行终185号**

事实概要

涉案专利系申请号为201620607254.4、名称为“集装箱角件的连接部件”的实用新型专利,专利权人为宁波杰纳尔绑扎科技有限公司(一审、二审第三人,以下简称X),权利要求1请求保护一种集装箱角件连接部件,其能够克服背景技术中存在的链接部件在装配时只能沿着一个唯一的插入方向插入底角件的技术问题,实现双方向都能插入的技术效果。

2018年3月23日,上海国靖机械设备有限公司(一审原告、二审被上诉人,以下简称Y)针对本专利权提出了无效宣告请求,认为本领域技术人员在证据1的基础上容易得到本专利权利要求1请求保护的技术方案。

Y认为证据1公开了上部锥形体一端突出部能插入槽穴,则本领域技术人员容易想到如果另一端突出部调整尺寸也可以插入槽穴。

2018年8月7日,专利复审委员会作出被诉审查决定,维持本专利权有效。专利复审委员会认为,证据1没有给出对头部锥形体进行改进以实现双方向插入的技术启示,在证据1公开的内容的基础上,本领域技术人员没有动机将证据1的上部锥形体的两突出部的间距设置为同时小于槽穴的两侧壁分别与角件与其相对应的内壁之间的间距之和,从而不容易想到如本专利权利要求 1 那样设置上部锥形体两突出部的间距。

Y 不服该决定，向一审法院提起行政诉讼。一审法院撤销了被诉决定，并要求国家知识产权局重新作出审查决定。

国家知识产权局不服一审判决，上诉至最高人民法院知识产权法庭。二审法院撤销一审判决并驳回了 Y 的诉讼请求。

判决要旨

一审判决认为，证据 1 在整体上并不存在使本领域技术人员舍弃本专利所述能够双向插入的技术手段的普遍认知和教导，没有证据表明本领域存在避免双向插入的技术偏见和技术障碍。在证据 1 已经公开"当上部锥形体 4 的方向正确时能够装入"的尺寸配合关系的情况下，如果集装箱没有按特定方向叠装的需求，将证据 1 的上部锥形体的两突出部的间距设置为同时小于槽穴的两侧壁分别与角件与其相对应的内壁之间的间距之和，获得本专利权利要求 1 所述尺寸配合关系，进而实现双方向都能插入的技术效果，对本领域技术人员来说，是显而易见的，也不需要克服技术偏见，且这种灵活装配方式是生活中常见的技术手段，也是本领域普遍存在的需求。综上所述，被诉决定认定权利要求 1 相对于证据 1 与公知常识的结合具备创造性，结论有误。

二审判决指出，如果权利要求所要保护的技术方案与最接近的现有技术相比存在区别技术特征，且该现有技术明确排除该区别技术特征的应用的，则本领域的技术人员在面对技术问题时缺乏动机对该现有技术进行相应技术改进以获得权利要求所要保护的技术方案，即现有技术并未给出将上述区别特征应用到该最接近的现有技术以解决其存在的技术问题的启示。因此，该权利要求所要保护的技术方案相较该最接近的现有技术而言具备创造性。在本案中，背景技术存在的问题是，上连接突出部 10 只有唯一一个插入到底角件C内的方向。也正因如此,为了避免装配人员在装配时,因反装而不能将上连接突出部10插入到底角件C内,在冲击挡板12的侧面设置了标记"FRONT"(前面)。在装配时,操作人员在识别"FRONT"后,就能够判断该唯一的插入方向,但是如果分辨不清"FRONT"标识,就会造成操作失误。证据1的技术方案与本专利说明书记载的背景技术类似,均是只有唯一的一个插入方向,并且证据1的发明目的就是要防止连接具的反插。在证据1的教导下,本领域技术人员没有动机将证据1的上部锥形体的两突出部的间距设置为同时小于槽穴的两侧壁分别与角件与其相对应的内壁之间的间距之和,从而不容易想到如本专利权利要求1那样设置上部锥形体两突出部的间距。因此,本专利权利要求1相对于证据1结合公知常识具有实质性特点和进步,具备《专利法》第22条第3款规定的创造性。

评 析

本案涉及反向教导对专利创造性评价的影响问题。现行《专利审查指南》没有规定反向教导的定义,也没有就反向教导对专利创造性评价的影响给出指引。本案二审判决确立了反向教导对专利创造性评价的裁判标准,即现有技术中存在的反向教导可以反证专利技术方案相对于该现有技术具有创造性。上述裁判标准以判例形式对《专利审查指南》关于创造性的审查标准进行了有益的补充和完善。

本案二审判决裁判要旨所称的"权利要求所要保护的技术方案与最接近的现有技术相比存在区别技术特征,且该现有技术明确排除该区别技术特征的应用",实际上就是通常所说的反向教导。针对反向教导与专利创造性评价的关系,二审判决认为,反向教导使本领域的技术人员在面对技术问题时,缺乏动机对该现有技术进行相应技术改进以获得权利要求所要保护的技术方案,即现有技术并未给出将上述区别特征应用到该最接近的现有技术以解决其存在的技术问题的启示，故该权利要求所要保护的技术方案相较该最接近的现有技术而言具备创造性。

反向教导是与专利审查指南所称的技术启示相对的情形。根据《专利审查指南》的规定，技术启示是创造性判断“三步法”中用来判断要求保护的发明对本领域技术人员来说是否显而易见的重要依据。在判断一项发明的权利要求是否具备创造性时，首先要将该权利要求所要保护的技术方案与最接近的现有技术进行对比，找出二者的区别特征，再根据该区别特征在要求保护的发明中所能达到的技术效果确定发明实际解决的技术问题，进而判断要求保护的发明对本领域技术人员来说是否显而易见。即考察现有技术中是否给出了将区别特征应用到最接近的现有技术以解决相关技术问题的启示，这种启示会使本领域技术人员在面对所述技术问题时，有动机改进该最接近的现有技术并获得要求保护的发明。如果现有技术存在这种技术启示，则发明是显而易见的，不具有突出的实质性特点。

反向教导，是指现有技术中存在与技术启示相反的教导，这种教导会阻止本领域技术人员在面对所要解决的技术问题时，产生动机将区别特征应用到最接近的现有技术以获得要求保护的发明，即反向教导将会明确排除相关区别技术特征应用于最接近的现有技术以获得要求保护的发明。

反向教导不同于技术偏见，前者往往是在个别现有技术文献中给出的特定技术信息，而后者则是指在某段时间内、某个技术领域中，技术人员对某个技术问题普遍存在的、偏离客观事实的认识。根据《专利审查指南》的规定，由于技术偏见引导人们不去考虑其他方面的可能性，阻碍人们对该技术领域的研究和开发，因此，如果发明克服了这种技术偏见，采用了人们由于技术偏见而舍弃的技术手段，从而解决了技术问题，则这种发明具有突出的实质性特点和显著的进步，具备创造性。

在多数情况下，反向教导并未达到技术偏见的程度，所以在以往司法实践中，裁判者容易受到《专利审查指南》关于克服技术偏见的发明局域创造性的思维定式影响而低估反向教导在创造性评价中的作用。例如，北京知识产权法院在(2018)京73行初10978号行政判决书中强调，“如果发明克服了‘技术偏见’解决了技术问题即可认定其具备创造性，但是，即便现有技术存在‘反向教导’，也并不能直接得出发明具备创造性的结论”；“鉴于‘反向教导’与‘技术偏见’之间的区别，即便认定证据2给出了反向教导，如果不能证明该‘反向教导’属于普遍存在的偏离客观事实的认识，也未必能够直接得出如同克服了‘技术偏见’的发明具备创造性一样的结论”。

上述从严审查反向教导的裁判立场，与本案二审判决的裁判要旨并不相符。实际上，本案一审判决也强调，“证据1整体上并不存在使得本领域技术人员舍弃本专利所述能够双向插入的技术手段的普遍认知和教导，没有证据表明本领域存在避免双向插入的技术偏见和技术障碍”，即其对于证据1中存在的反向教导也是按照技术偏见的标准进行从严审查的。

反对从严审查反向教导并不意味着，要将反向教导抬高到技术偏见的高度，并适用相同的创造性评价方法。事实上，鉴于反向教导与技术偏见之间的差异，二者的创造性评价方法亦应有所不同，具体而言，对反向教导进行创造性评价，仍应在“三步法”的范畴内进行，即应基于反向教导而客观判断现有技术是否给出了将相关区别特征应用到最接近的现有技术以解决其存在的技术问题的启示，进而判断专利技术方案相对于该最接近的现有技术是否具备创造性。对技术偏见进行创造性评价，则无须采用“三步法”的分析框架和逻辑，可以基于发明方案克服了技术偏见而直接认定其具有创造性。

专利行业经常使用“发明创造就像一层窗户纸，一捅就破”的通俗比喻，来形容创造性评价容易发生认识偏差。由于专利创造性评价都是在评价者已全盘获知发明方案的情况下，再模拟本领域技术人员在专利申请日之前的认知状态去评价发明方案的创造性,所以,容易陷入“后见之明”和“事后诸葛亮”的认知误区,低估发明的创造性。对于没有达到技术偏见程度的反向教导,在没有相关规则可循的情况下,对其进行创造性评价更容易受到这种认知误区的干扰和影响。本案二审判决明确了关于反向教导的创造性评价标准与规则,有利于统一裁判标准,提高创造性评价的客观性。

集成电路布图设计纠纷案件

024

集成电路布图设计的保护范围及独创性要件的判断 / 顾昕

深圳裕昇科技有限公司等与苏州赛芯电子科技有限公司侵害集成电路布图设计专有权纠纷上诉案 / **最高人民法院民事判决书,(2019)最高法知民终490号**

事实概要

苏州赛芯电子科技有限公司(一审原告、二审被上诉人,以下简称X)是名称为“集成控制器与开关管的单芯片负极保护的锂电池保护芯片”的涉案布图设计的权利人,其向法院提起诉讼,主张被诉侵权产品与涉案布图设计的6个独创点实质相同,深圳裕昇科技有限公司(一审被告、二审上诉人,以下简称Y)等以复制、销售的方式侵犯其集成电路布图设计专有权,应当承担停止侵害及损害赔偿的责任。深圳市中级人民法院于2015年6月11日立案受理。一审法院经审理后认为,X主张的涉案集成电路布图设计的独创点是具有独创性的,被诉侵权产品与权利人主张的6个独创点相同或实质相同,Y等的行为构成侵权,并需承担相应的赔偿责任。

Y等不服一审判决,[1]向最高人民法院提起上诉。Y不同意一审法院关于集成电路布图设计独创性要件的判断,提出其在进行独创点比对时存在以下错误:第一,应当将被诉侵权产品与集成电路布图设计的设计图样进行比对,而不是与登记芯片进行比对。即便基于客观原因无法识别登记图样细节,从而迫不得已需要借助登记芯片进行比对时,也不应该超出登记图

〔1〕 参见广东省深圳市中级人民法院民事判决书,(2015)深中法知民初字第1106号。

样所记载的范围。第二，集成电路布图设计的独创性判断应从功能性、选择性、布局性、互连性、组合性等多方面考虑，不能仅从其功能和布局进行考量。一审法院采纳的《司法鉴定意见书》认定，涉案集成电路布图设计具备的6个独创点，仅仅分析了独创点的功能和局部布局，并未对其独创点进行全面分析，这种认定布图设计具有独创性的做法是明显错误的。

判决要旨

最高人民法院判决驳回上诉，维持原判。

对于Y在上诉理由中提出的两点争议，即“能否以登记芯片的样品剖片确定涉案布图设计的保护范围”，以及“涉案布图设计是否具有独创性”，最高人民法院在二审判决中作出如下认定：

第一，对于能否以涉案登记芯片样品的剖片来确定涉案布图设计的保护范围的问题，法院认为：根据《集成电路布图设计保护条例》（以下简称《条例》）第16条以及《集成电路布图设计保护条例实施细则》（以下简称《实施细则》）第14条规定的向登记部门提交的材料内容，一般应根据复制件或图样的纸件确定保护范围，但随着半导体行业的发展，存在不少即便将复制件和纸质件放大了数倍后，仍不能完整和清晰地反映布图设计内容的情形。在此情况下，如果芯片样品与复制件或图样具有一致性的前提下，可以通过技术手段提取和还原纸件中无法识别的布图设计细节，进而确定布图设计的内容。

至于Y上诉意见中提出的，布图设计专有权是以“公开换保护”、保护范围也应仅限于对公众公开的部分的观点，法院则认为《条例》的制度设计理念不同于《专利法》对发明创造所采取的公开换保护理念，权利人获得保护并不以公开布图设计为前提条件。其理由在于《实施细则》第15条和第19条规定了对于含有布图设计全部信息的电子版本和已经投入商业利用的布图设计纸件中所包含的保密信息，原则上不予公开，除了侵权诉讼或行政处理程序的需要，第三人不得查阅或复制。这样的规定表明，即便布图设计的内容没有向社会公众公开，其保护效力也不会受到影响，从而证明了布图设计不是以公开为对价获得专有权的保护。

具体到本案中，权利人X涉案布图设计的图样纸件模糊不清，所以对鉴定机构通过芯片样品剖析出来的内容确定图样纸件中不清晰的细节内容，鉴定机构认为X所主张的6个独创点，两者在布图设计中所处的位置及整体布局基本一致。法院认为，在芯片样品与图样纸件不存在明显差异的前提下，采用样品剖片来确定X所主张的6个独创点的细节结构，这一做法“并无不当”之处。

第二，涉案布图设计是否具有独创性的问题。法院在论述了布图设计独创性含义的基础上，提出当被诉侵权人对布图设计的独创性提出异议时，人民法院应当如何进行认定的标准。具体而言，围绕权利人在提出的布图设计中具有独创性的部分进行独创性判断时，应当从以下两个层面进行：首先，需要考虑的是，布图设计应当属于为执行某种电子功能而对于元件、线路所作的三维配置，否则不能受到保护。其次，上述部分含有的三维配置在其创作时不是公认的常规设计。

考虑到我国目前集成电路布图设计的登记程序并不对独创性要件进行实质审查，法院指出，不能以经过登记备案而当然认为布图设计的整体或任何部分因此具有独创性。至于伴随而来的独创性举证责任分配的问题，法院认为：不能过分加大权利人的举证责任，应当在充分考虑目前我国集成电路布图设计制度的特点、登记现状、双方举证能力等因素的基础上，首先以权利人提出的独创性部分为依据，要求权利人进行充分说明或提出初步证明，之后由被控侵权人提出不具有独创性的相反证据，最后则在综合考虑前述事实和证据的基础上进行判断。

具体到本案中，法院审理后认为，X 明确提出了独创点并进行了充分说明，而 Y 所提供的相反证据尚不足以推翻 X 提出的独创点 1 至独创点 4，最终判定 X 提出的独创点 1 ~ 4 整体作为独创性部分应受到保护。

评 析

一、判决思路和意义

我国自 2001 年起，通过制定《条例》、《实施细则》、《集成电路布图设计行政执法办法》及《集成电路布图设计审查与执法指南（试行）》（以下简称《指南》）等规范，明确了集成电路布图设计的相关法律规则。

经过 20 年的发展，集成电路布图设计的申请量持续增长，[1]获得了较大发展，但是和专利、商标每年百万级别的申请量相比，集成电路布图设计的申请数量相对较少，而因为侵权纠纷提起司法诉讼或行政裁决的案件更少。案件数量少、审理难度大、社会关注度高、影响力大等特点，也给法院审理这类案件带来极大挑战。有的法官甚至认为，集成电路布图设计的案件已经成为知产法官“最棘手也是最难审理的一类案件”。[2]

本案在判决中明确回应了集成电路布图设计相关的司法案件中长期具有争议的关键问题，特别是对于布图设计的保护范围和独创性认定这两个关键问题的论述，对今后的司法裁判具有重要的借鉴意义。

二、集成电路布图设计的保护范围

依据《条例》第 16 条、《实施细则》第 18 条的规定，布图设计登记时向登记部门提交的材料可能呈现为三种载体：复制件和图样的纸件、复制件或图

---

〔1〕 参见陈仰平、王倩：《从司法判例看集成电路布图设计图样的形式规范》，载《中国发明与专利》2016 年第 2 期。

〔2〕 祝建军：《对集成电路布图设计专有权司法保护有关问题的思考》，载《知识产权》2016 年第 9 期。

样的电子版以及芯片样品。三者所呈现的版图都可以用来确认布图设计专有权的保护范围,一般来说,三种载体所呈现的内容应该是相同的。但是在实践中,纸质图样所呈现的内容,往往不能清晰表达布图设计的全部细节,其原因在于,随着集成电路技术的进步,纸质图样已经无法展现芯片版图的全部细节。〔1〕即使按照《实施细则》第14条规定的"放大到20倍以上",在实践中,仍然存在不足以完整、清晰的反映布图设计内容的情况。当纸件内容与芯片样本不一致的情况下,如何确定集成电路布图设计的保护范围,是实务中比较棘手的问题。通过对我国司法和行政相关案例梳理,可以总结得出以下判断规则:

第一,芯片样本中所体现出来的内容,如果在复制件或图样的纸件中缺失的话,则该部分内容不能获得保护。

在登记的效力上,有学者认为,不能因为登记提交的材料存在瑕疵,就导致其专有权灭失或丧失法律对其的保护,只能造成其不能完整、准确地固定和公开布图设计的技术信息的后果,可以进行事后补正。〔2〕

不过在涉及侵权纠纷的昂宝电子诉南京智浦芯联司法案〔3〕中,法院则判定不能获得保护。在该案中,权利人没有对布图设计的电子版进行登记,而登记了的纸质图样中仅包含两层金属层的图样,且该金属层图样中不含任何有源元件。最高人民法院在再审裁定中认为,如果无视布图设计登记制度对纸质复制件或图样的要求,必然会导致社会公众通过查阅的方式获取布图设计内容的制度规定形同虚设,采取直接依据样品确定布图设计保护内容的话,实践中极有可能出现轻视复制件或图样法律地位的错误倾向,

〔1〕参见曹志明、王志超:《集成电路布图设计专有权保护相关问题研究——国内首例侵权纠纷行政裁决案件引发的思考》,载《知识产权》2018年第7期。

〔2〕参见李顺德:《集成电路布图设计登记的条件、要求和效能》,载国家知识产权局条法司主编:《专利研究(2014)》,知识产权出版社2017年版,第272页。

〔3〕参见最高人民法院民事裁定书,(2015)民申字第745号。

从而引发登记行为失范，产生不良导向的作用。所以裁定：芯片样本体现出的信息不能替代纸质图样的效力，权利人没有按照规定在登记程序中提交完整齐备的复制件或图样，属于履行登记手续不符合法律规定的情形，造成的后果是芯片样本中的不同于纸质图样的信息内容不能获得法律保护。

第二，芯片样本中体现出来的内容，能与复制件或图样的纸件中的内容相对应，即便纸质件相应的部分在内容上模糊不清，但如果能认定二者具有一致性的话，则可以获得保护。

在国家知识产权局行政执法查处的首例侵犯集成电路布图设计专有权纠纷案中，权利人登记备案的布图设计的纸质复制件或图样不清楚，最终选择以登记备案的布图设计芯片样品剖片所反映的布图设计作为基础来确定专有权保护范围的依据。国家知识产权局在该案的行政处理决定中采用了“以复制件或图样为基础，以集成电路布图设计样品为补充”的判断原则。[1] 这一判断原则也被吸收到2019年公布的《指南》相关章节中。

而本案则是在司法领域中由最高人民法院首次明确，“在芯片样品与复制件或图样的纸件具有一致性的前提下，可以采用样品剖片，通过技术手段精确还原出芯片样品包含的布图设计的详细信息，提取其中的三维配置信息，确定纸件中无法识别的布图设计细节，用以确定布图设计的内容”。而复制件或图样的纸件与样品的一致性要求，并不要求两者在细节上完全相同，只要两者在布图设计中所处的位置以及整体的布局基本一致，能确定图样纸件的不清晰之处即可。这一判断规则的确立，对于今后处理类似的纠纷案件，具有非常重要的指导意义。

三、集成电路布图设计的独创性判断

我国集成电路布图设计制度实行初步审查登记制度。这意味着，虽然

---

〔1〕 参见国家知识产权局集成电路布图设计行政执法委员会行政处理决定书，集侵字（2017）001号。

布图设计的整体内容获得了登记确认，但是在很多情况下，布图设计中的独创性部分权利人没有清晰地说明和划定。所以在发生侵权纠纷时，往往需要依据双方的举证来确定涉案布图设计中具有独创性的部分。

在相对早期的司法案件中，有的法院仅基于权利人的登记备案行为，就认可其布图设计具有独创性，并直接将其与被控侵权产品进行了比对。〔1〕在有的司法案件中，当权利人主张布图设计具有独创性，被控侵权人无法提出相反的证据，〔2〕或者被控侵权人自认两者的布图设计相同〔3〕的情况下，相关法院均肯定权利人所主张的布图设计独创性。〔4〕

鉴于上述司法判决的经验，本案法院充分考虑到集成电路布图登记环节不对创造性进行实质审查的现状，明确指出，“不能以经过登记备案而当然认为布图设计的整体或任何部分具有独创性”。至于举证责任的分配问题，法院则旗帜鲜明地提出了“以权利人提出的独创性部分为依据，首先要求权利人对其主张的独创性部分进行充分说明或初步证明，然后由被诉侵权人就不具有独创性提出相反证据，在综合考虑上述事实、证据的基础上进行判断”的标准。

值得注意的是，布图设计的独创性，既可以体现在布图设计整体中，也可以是布图设计任何具有独创性的部分。在钜泉诉雅红案〔5〕中，法院就明确指出，“不能因芯片整体布图设计的不相同或者不实质性相似而否定涉案两个具体布图设计相同或者实质性相似的事实”。而在本案中，最高人民法院也重申了这一观点：“布图设计中任何具有独创性的部分均受法律保护，而不论其在整体设计中是否占有主要部分，是否能够实现整体设计的核心

〔1〕 参见广东省深圳市中级人民法院民事判决书，(2009)深中法民三初字第184号。

〔2〕 参见广东省高级人民法院民事判决书，(2014)粤高法民三终字第1231号。

〔3〕 参见江苏省南京市中级人民法院民事判决书，(2009)宁民三初字第435号。

〔4〕 参见祝建军：《集成电路布图设计独创性判断存在的争议与解决》，载《电子知识产权》2020年第3期。

〔5〕 参见上海市高级人民法院民事判决书，(2014)沪高民三(知)终字第12号。

性能”。

四、判决的价值参考

在本案判决中,最高人民法院正面回应了长期以来困扰司法审判的集成电路布图设计的“保护范围”和“独创性判断”问题。对于“保护范围”的问题,明确了图样纸件与芯片样品等不同载体之间的相互关系对确定保护范围的影响;而对于“独创性判断”的问题,明确提出了独创性的含义、登记的效力、举证责任分配等判断规则。本案判决对前述问题的论断,为今后审理类似案件提供了判断标准,具有重要的指导和借鉴意义。